転職で希望の光を見つけよう！

大塚民子
Tamiko Otsuka

Parade Books

目次

第1章　はじめに

私は現在50代半ばですが、社会人生活30年の間に正社員として5社、契約社員として1社に勤めました。それには5回の転職活動をしたわけですが、日本の平均転職回数2・8回からすると約2倍となります。

終身雇用制度が主流の日本では、就職ではなく就社して一つの会社で勤めあげるのが美徳とされる傾向がある為、転職が多いことは歓迎されない風潮があります。しかし、昨今の日本では、ここは絶対潰れまいという名だたる企業が倒産したり吸収合併の憂き目にあい、それに伴う人員整理も盛んに行われるようになっています。世界情勢の変化や個人の価値観の多様化がそれを更に加速させており、まさしく、一つの会社で勤めあげるのが難しい状況がジワジワと押し寄せてきているように感じます。それらの結果、転職せざるを得ない人が増えるのは自然の流れと言えるでしょう。

そこで、複数の転職をしてきた自身の経験をお伝えし、何かのヒントにしていただけたらと筆を執った次第です。転職を取り巻く環境が変化している現在、それをピンチととらえるのではなく、未来を拓く希望の光にしていけたらどんなに素晴らしいだろうと考えました。

転職には、自己理解を深めたり、自分が保有するスキルを確認したり、企業や社会の状況を調べたりする活動が必要となります。これらは一見すると手間がかかり困難を伴う作業ですが、見方を変えると、自身の価値を確立して未来の希望に繋げていくチャンスの宝庫でもあるのです。自分自身の経験からもこれを実感している為、転職活動を「未来を拓く希望を見出すチャンス」に変換するヒントにしていただけたらと考えました。

テーマごとにポイントをまとめてあるので、どこからでも読めますし、知りたい事柄を辞書のようにピンポイントで参照していただけたらと思います。キャリアコンサルタント資格取得時に勉強したキャリア豆知識などもコラムに掲載しましたので、参考にしていただけると幸いです。

1　経歴

社会人生活30年間での出来事をお伝えする為、これまでの経歴を表1にまとめました。

1社目は、大学卒業後に入ったSP代理店です。クライアント企業の商品をお客様にお届けする販売促進企画を考えて提案する、SPプランニングという仕事に就きました。未知の世界でしたが、先輩やクライアントに業務を教わりつつ、あっという間に過ぎた悲喜交々の5年半でした。

2社目は、途上国から製品を仕入れて日本国内で販売するフェアトレードを行うＮＧＯ団体でした。当時はフェアトレードという概念がそれ程浸透しておらず業務内容が特殊だった上にボスがイギリス人女性だったこともあり、とても刺激的な経験でした。

3社目は、それまでと全く異なる出版業で、しかも取り扱っているのが堅めの医学書だった為か、会社の雰囲気も環境もガラッと変わりました。シーンと静まり返ったオフィスで文字校正などをやっていた影響でしょうか？「この時、なんだか無口になってたよねぇ」と友達から後年言われ、知らず知らずのうちに影響を受けていたのだと驚いた覚えがあります。

4社目は、親会社の商品の販促や、社員の人事・保険などを請け負う総合的なサービス会社でした。

ここは1社目のＳＰ代理店が他の何社かと共に統合

〔表1〕

	業　種	職　種	勤続年数
1	SP※代理店	・SPプランナー	5年半
2	NGO団体	・通信販売担当	1年
3	医学系出版社	・編集・レイアウト担当 ・リーダー	3年強
4	総合サービス会社	・SPプランナー ・課長	16年強
5	障がい者就労支援会社	・相談支援員 ・主任	3年
6	人材紹介会社	・キャリアアドバイザー	1年

※SP：Sales Promotion（販売促進）

された企業だったので、1社目の元先輩から「戻ってこないか」と誘われ復職した形になります。1社目同様にSPプランニングを担当し、数年後にマネージャー職となりました。ここでの16年間は、様々な種類の業務やマネジメントを経験できた貴重なものでした。

キャリアチェンジした5社目では、障がい者の方々の就職を支援する業務を行いました。事務所で毎日20名程の障がい者の方々と接していたのですが、このような対人業務は初めてで、とても楽しくやり甲斐を感じました。ここでの3年の間にキャリアコンサルタント資格を取得し、人材サポート系業務にキャリアチェンジする基盤を整えました。

6社目は、5社目での障がい者就労支援の幅を広げる為に、中高年対象の人材紹介会社に転職しました。ここでも初めての業務が多く毎日が挑戦の連続のような状況でしたが、それだけに、学びの多い1年でした。

2　転職事始め

私自身、こんなに転職をするとは全く考えておらず、ごく普通の新卒としてキャリアをスタートさせました。その後どのような経緯で転職ライフが始まったのか？　この章では、きっかけについてご紹介しますので何かのご参考にしていただけたらと思います。今から振り返ると転職の要因は大小様々思い浮かびますが、元来もって生まれた性質や外部環境によるものが大きいと感じています。

1 1社目での経験

新卒で入った会社はSP代理店で、商品の販売促進策をクライアントに提案し、採用された企画を実施する従業員300名程の中規模企業でした。そこでは、食品メーカーのマヨネーズを売る施策を企画立案していました。必死に企画を考えてクライアントにプレゼンし、コンペで他社に勝った時などはとても達成感を覚えました。

しかし、4年程経ち仕事も覚えて一人でできるようになった頃、ふと自分のやっていることを客観視してみました。すると「たまたまこの会社に入ったからこのマヨネーズの売上を増やそうと必死になっているけれど、もし競合商品のSP代理店に入っていたらそっちの応援をしていたはず」「こっちの売上が上がればこちらはハッピーだけれど、その分競合はアンハッピー。なんだか不毛な戦いをしているのでは?」と感じ「できれば誰もアンハッピーにならないような、絶対的価値のある仕事がしたいなぁ」という思いが頭をもたげてきました。

もし今辞めたら、次の会社は見つかるだろうか？　という不安は多少ありましたが「まだ20代だし大丈夫だろう」という根拠のない自信もあり決意しました。全ての仕事に価値はあるわけなので、今から考えればなんとも幼稚な考えなのですが、当時は真剣です。こうして私の転職ライフがスタートしました。

2 1冊の本との出会い

本好きなので、小説、ノンフィクション、ビジネス書などを中心に常に活字に親しんでおり、考え方や行動がそれらに影響されている部分があると思います。その中でも特に行動に移すきっかけとなった1冊が、２０１３年にビジネス書大賞をとったリンダ・グラットン著『ワーク・シフト』です。働き方の未来を予測すると共に「漫然と迎える未来」と「主体的に築く未来」の違いが著されています。これを読んだのは２０１６年頃で今から7年程前ですが、かなり衝撃を受け感銘したのを覚えています。

働き方が変化する要因として著者は、テクノロジーの進化・人口構造の変化・環境問題の深刻化などを挙げていますが、２０１６年にはすでに起きていたことばかりで、２０２０年のコロナウィルス発生により働き方の変化は加速したように感じます。また、中高年となり再雇用制度などで会社に所属はしているものの、惰性で勤務しているようなサラリーマンを目の当たりにして、主体的に未来を築こう！　と強く感じました。そこから、ビジネススクールに通って経営学を学びＭＢＡを取得したり、キャリアコンサルタントの勉強をしたり、50歳を過ぎて異業種に転職したりと、チャレンジに拍車がかかったような気がします。また、ビジネススクールなどで知り合ったメンバーが様々な分野で挑戦し続ける姿に励まされたり、色々な方と一緒に活動を始めることで世界が広がっていきました。

たまたま出会った1冊のお陰で、その後の生活が前向きに転換しました。もしかすると、これからもそのような本との出会いがあるかも知れないと思うとワクワクします。

3 環境と生来の性質

私は13歳の時に父親を病気で亡くしました。その際、多額の借金が残され持ち家も売り払う状況に追い詰められた為、すぐに近所の小学生に時給５００円で勉強を教えるアルバイトを始めました。まだ中学二年生だった私に、大切なお子さんを託して下さった近所の方には今でもとても感謝しています。その後、奨学金や特待生制度を利用して大学を卒業したり、親戚や周囲の方々の助けを得たりする中で「諦めずに努力すると、周りの方も助けて下さり道は開かれる」というハングリー精神のようなものが培われたように感じます。

また世界に目を転じると、未だ基本的な給水サービスが受けられず、毎日水汲みが必要な人、衛生的なトイレが使えない人などが多く存在しています。過酷な労働や児童労働を強いられている人なども、世界にはまだまだいらっしゃいます。ここから考えると、駅の公衆トイレは整備され、転職サイトに登録すれば求人情報が毎日送られてくる日本の環境は当たり前ではないのかもしれません。さらに見方を変えると、この日本ではそれなりに努力をし、職業を選ばなければなんとかやっていけると言えるかもしれません。私は常に「良い意味での開き直り」のような感覚をもっているように思います。

転職ライフのきっかけは、このような外部環境からの誘発以外に生来の性質であろう「飽きっぽさ」、良く言えば「挑戦好き」という部分も挙げられると思います。この為、例えば新卒で1社目を選ぶ際も「一つのメーカーで決まったモノに関与し続けるのはきつそうだから、色々なモノと接するような仕事にしよう」と販促代理店にしたり、本を読む場合、通勤電車では○○、寝る前は△△など、同時に複数を並行させたりします。

仕事に関しても、入社して数年が経ちルーティンで業務が回せるようになると退屈に感じ始める傾向があります。その場合、会社の課題解決を目指し新たな提案をしたりするのですが、そうそう提案が通るわけではありません。そうなってくると、成長している実感が薄くなり、新たな挑戦がしたくなり転職を考えるようになる、というようなパターンが多かったように思います。

「ハングリー精神」と「良い意味での開き直り」と「飽きっぽさ」、これらが相まって私の転職ライフを推し進めてきたのかもしれません。

コラム

キャリア・アンカー

アメリカの組織心理学者エドガー・シャインが提唱した概念です。「アンカー」とは船の錨《いかり》で、キャリアを形成・選択する際の譲れない価値観を意味しており、専門・職能的能力、管理能力など左記の8つに分類されています。キャリア・アンカーは、色々な経験を通して自己洞察を重ねていくにつれ安定すると考えられています。

【8つの分類】

①専門・職能的能力…専門性や技術を高めることに満足する。
②全般管理能力…経営層を目指したり、組織を統率したりすることに価値を置く。
③自律・独立…ルールや手順に縛られるのを苦手として、自分のスタイルで仕事を進めることを重視する。

④保障・安定…安定した仕事や報酬など、安定性を重要視する。
⑤起業家的創造性…新製品や新サービスを開発するなど、新しいことの創造に満足を覚える。
⑥奉仕・社会貢献…「世の中を良くしたい」という思いが強く、社会貢献に価値を置く。
⑦純粋な挑戦…ハードルの高い難題や手強い相手に勝つことに意味を見出す。
⑧生活様式…仕事と生活の適切なバランスを重視する。

自身の価値観を自覚してそれに則した職に就くことは、自分らしく働きパフォーマンスを最大限に発揮することにも繋がると考えられます。

ポイント❶　自身のタイプを知り自己理解を深める

キャリア・アンカーの8分類は一人に一つずつというものではなく、一人に複数が当てはまり、そのうちどのタイプが強めなのかというものになります。これにより、自身を客観的に理解して自己理解を深めることが可能です。

勿論、自身のアンカーを意識しすぎて、それに縛られる必要はないのですが、キャリアを考える際に参考になるので一度調べてみると良いかもしれません。「キャリアアンカー診断」とネット検索すると無料診断ツールが出てくるので、手軽に調べられます。

ポイント❷　自身に適するキャリア構築の一助とする

キャリア・アンカーにより自身の譲れない価値観が分かるので、適する職業や転職に向いているか？　などの判断の助けとなります。

例えば「専門・職能的能力」で専門性に力点を置く人がチーム員を管理するようなマネージャー職に任命された場合、違和感を覚える可能性が高いでしょう。そのような時、自分の価値観を理解していると、違和感の原因が明確に自覚できると共にその後の身の振り方のヒントにもなるでしょう。また「保障・安定」タイプで安定性を重視する人は、転職などの変化に対しては慎重に対処した方がよいかもしれません。

このように、キャリア・アンカーにより自己理解を深め、方向性を定める際の判断基準などに活用するとよいでしょう。

第2章　転職活動成功のポイント

転職活動と一言で言っても、その方法には様々なものが存在します。サイトに掲載されている求人に応募したり、人材紹介サイトに登録してスカウトを受けたりと、サービスの種類も多様になってきています。私自身、これまで5回の転職活動をしましたが、よくよく振り返ると方法が全て異なることに気付きました。

そこで、タイプ別にメリットやデメリットを分析し、いかにしたら成功するか？　を考えてみました。また、20代で1回、30代で2回、50代で2回の転職を経験しましたが、年代ごとに状況や自分の考えなどに変化がありました。そこで、年代別の違いにもフォーカスしてみました。

この章では「タイプ別」と「年代別」に成功のポイントをまとめました。あくまで私の体験が基になっているので絶対正しいというものではありませんが、何かの参考にしていただけると幸いです。

1 タイプ別

1 ボランティアから入社

1社目のSP代理店を「次はより絶対的な価値のある仕事がしたい」と辞めたはいいものの具体的な方向性は全く決まっていませんでした。そこで、世界ではどのような窮状が存在するのか？ それに対応する仕事にはどのようなものがあるのか？ などを調べてみました。すると、経済格差解消を目指して、発展途上国で作った物品を前払いで継続的に輸入するフェアトレードという仕組みを知りました。日本でそれを行っている団体もあったので連絡してみると、ボランティアを随時募集中とのこと。全く知らない世界だったので「勉強してみよう！」と早速行ってみることに。

商品を日本のお客様に売る為のセールチラシの封入やスタンプ押しなどの軽作業がメインで、朝10時頃から夕方まで行いました。単純作業ではありますが、興味のある仕事に関われることが嬉しくて「このチラシが経済格差解消に繋がるかもしれない」などと想像しながら封入しました。小さな事務所だったので代表者を始め全員が在席しており、スタッフから事業の説明を受けたり、それぞれの仕事を間近に見ることができました。業務内容の理解が進むにつれて関心が益々大きくなり、週に2~3回のボランティアを2ヶ月程続けました。

そんなある日「大塚さん、ここで働いてみませんか？」と代表から声をかけていただきました。人手不足な状況は薄々分かっていたので「ここでこのまま働けたらいいなぁ」とぼんやり思ってはいましたが、まさか本当に声がかかるとは！　二つ返事で承諾し、入社が決定しました。

自分の目指していた仕事ができるようになると、大きなやり甲斐を感じ大抵のことは乗り越えられるように思います。非営利のＮＧＯ団体なので、給料も安く、ボーナスはＴシャツなどの現物支給でした。自宅から電車を２回乗り換えて１時間半かけて通い、残業で終電に飛び乗って帰るのも苦になりませんでした。しかし、家に入れていた生活費が減り家族に迷惑をかけたり、腰痛で起き上がれなくなったりしたことで、やむなく退職することになりました。身近な人に経済的な負担を強いながら他人の支援をするのは本末転倒ですし、身体を壊しては元も子もありません。

こうしてＮＧＯ団体での職務は１年程で終わりを迎えたのですが、一般企業ではなかなかできない貴重な経験だったと感じています。

成功のポイント

▼ボランティア中でも、手を抜かずにスピード・正確性を追求しつつ丁寧に作業する。また、

単発ではなく継続的に取り組むことで本気度が伝わる可能性が高まる。

▼先方の内情がうっすら分かるので、人手は足りているのか？ 将来性はどうなのか？ などを見定めて次の動きに繋げる。

▼やる気だけでは長期間は続かないので、給料などの条件面は必要最低限クリアする会社を選ぶ。

例えば私のように、収入が減り家族に迷惑をかけてしまう場合がある。また、遠距離だと通勤だけで体力を消耗し、プライベートの時間も減って疲れが溜まり悪循環なので、無理のない範囲にある職場にする。など、実際の生活がどのように変化するのか？ 変化しても働き続けられるのか？ などを入念に確認することが重要。

メリット

▼実際に働く場で一緒に働く人と事前に仕事をするので、入社後もほとんど違和感なく勤務できる。

▼元々興味がある分野でボランティアに取り組むので、本当に関心のある業務に携われてモチベーションも高く維持できる。

デメリット

▼ボランティア期間中は給与が支払われず、最終的に就職できるのかも不確定なので、生活基盤が不安定になる。

2 知人の誘いで入社

2社目のNGO団体は1年も経たないうちに状況が変わってきたので、次の仕事を少し検討していた矢先、知人から「うちに来ないか？」とお声をかけていただきました。学生時代の友達のお父様で、医学書の出版会社を経営している方でした。その方とは会社帰りのとある駅で偶然お会いして簡単な挨拶だけ交わしたのですが、数日後にお声がけいただいたのです。数十年前にその方が立ち上げた出版会社では後継者を探していたようで、その候補としてのお誘いでした。

ちょうど30歳になった頃で、そろそろマネージャー的な業務をしてみたいとも考えていたので、まさに「渡りに船」と移ることにしました。出版という未経験の分野でしたが、元々本が好きで活字に親しみがあったからか、雑誌のレイアウトや文字校正業務に違和感なく取り組めました。

そして、数年が過ぎ会社の全容も見えてきたので「仮に自分が経営を任されたら」と頭の中で想像してみました。すると、まずいことに社長の推し進める方向性を容認できない自分がいました。社長がこれまで心血を注いできた会社を私が方向転換してしまうのは、きっと認められないだろうし、友達も快くは思わないだろう。色々悩み検討した結果、会社を続けることで友達との関係性を悪化させるより、良好な関係維持を優先させたいという結論に至り、辞める決意をしました。ちょうどその頃、１社目の元先輩から「戻ってこないか？」とお誘いがあったのも大きな後押しとなりました。

しかし、ここからが少々大変でした。社長に辞意を伝えたものの、なかなか納得していただけません。後継者候補が辞めるのを引き留めるのは、当然のことと言えるでしょう。どのような理由なのか？　次の会社は決まっているのか？　など色々とご心配いただいたので、説明を尽くし了承に至りました。

成功のポイント

- どこでどのような方とご縁があるか分からないので、平生から周りの方と良好な関係性を維持するように努める。
- 知人という相談しやすい関係性を活かし、入社前に実習のようなものをさせてもらい、入社前後のギャップを極力少なくする。

▼知人の場合、こちらが気を遣って業績や経営状態などを聞きづらい場合があるが、そこは割り切って詳細を確認し、入社の判断基準にする。

メリット

▼転職活動をほぼ行わなくてよいので、手続きが非常にスムーズ。
▼入社した時点から、相応の立場が与えられるケースが多い。

デメリット

▼仮に退職することになった場合は尤もな理由が必要で、相手に納得していただくのが難しい場合がある。

3 前職に復職

現在では一度退職した会社に復職するジョブリターン制度を採用している企業は増えてきていますが、当時はまだ珍しかったように思います。

3社目の医学系出版社での就労時に、新卒で入った1社目の元先輩から「うちに戻ってこないか？」と打診を受けました。そこを辞めてから4年以上経過していたので突然のことに驚きましたが、当時の会社で先行きに不安があったこともあり、前向きに検討してみることにしました。詳細を確認すると、職種は以前と同じＳＰプランナーで待遇は契約社員。なかなか適当なＳＰプランナーが見つからないので、経験者の私に白羽の矢が立ったようでした。ＳＰ業界を離れてからブランクがあった為、プランニング業務が出来るのか？　正社員でなくても良いのか？　などいくつか懸念点もありましたが、思い切って話を進めることにしました。

配属先は4年前と同じプランニンググループだったので、元の同僚や先輩に温かく迎えてもらいました。他部署にも旧知の仲の元同僚が大勢残っていたので、とてもスムーズに戻れたように思います。ただ、そういった方々とばかり接していると偏りが生じてしまうので、意識して他の新しい方々ともコミュニケーションをとるように努めました。

業務としては、困難な内容のものが多かったように思います。しかしそれらは入社前に聞いており想定内ではあったので、前向きに取り組めたと思います。クライアントにも以前関わりがあった方がいらっしゃり、関係性が築きやすかったように感じます。こうして数年後には正社員に登用していただき、ここには16年勤続しました。

成功のポイント

▼どこの会社でも、誠意を尽くして精一杯勤める。もめ事やトラブルは極力起こさないようにする。

▼退職する際は関与者に迷惑がかからないようにし、やるべきことを終えてから卒業モードで辞める。

▼誰とどこでどのような縁が生まれるか分からないので、辞めてからも、元同僚と緩やかで良好な関係性を継続する。

▼元の会社が厳しい状況の場合に呼び戻される可能性が高いので、入社後は困難な状況が待ち受けていることを覚悟して戻る。

▼元々知っている同僚だけでなく、新たなメンバーとも満遍なくコミュニケーションをとる。

メリット

▼以前経験した環境で顔見知りの人たちと仕事ができるので、入社前後のギャップがほとんどない。

▼以前の業務に戻る場合が多いので、その延長線上にキャリアを積み重ねていける。

デメリット

▼企業にもよるが、辞めていたブランクがあるので、昇進が同期メンバーより遅くなるケースがある。

4 転職サイトで異業種へ

転職サイトに登録したり、ハローワークの求人探索で転職活動を行うのは最もポピュラーな方法かもしれませんが、私は50歳を過ぎてから初めて経験しました。転職サイトには毎日大量の求人情報が掲載され、メールには求人データが送られてくるので目を通すのが大変でしたが、数をこなすと慣れてきました。

4社目のSP代理店での16年間では、SPプランナー以外にマネージャー職や業務改革などを担当していました。しかし50歳を迎えるに当たり、本来目指していた社会課題を解決するような仕事にキャリアチェンジしようと考えました。

目指したのは人材育成系業界で、学習塾、保育、就労支援などに応募しました。学習塾には3社応募するも全て書類で落とされました。後々分かったのは、学習塾業界は若手を採用し育成するので、中高年はほぼ採用しないということでした。このように、転職サイトやハローワーク求人探索では定性的な業界事情は読みとれないので、各自で情報収集する必要があることが分かります。

学習塾以外には、保育と障がい者支援系で3社受け2社合格し、障がい者就労支援企業に転職しました。それまでSPプランニングの他に、グループ員をまとめるマネジメント、全社の業務改革などの経験があり、経営学の資格を取っていました。これらのうち、マネジメントや経営学の資格、業務改革スキルが評価されたようでした。そして何よりこれらの企業では、中高年でも採用しており受容性が高かったのも合格の大きな要因だったと考えられます。

このように、私の場合は一般的な転職サイトを活用して転職先を見つけましたが、転職エージェントを活用するのもオススメです。自分一人では探しきれない求人を幅広く探索し紹介してもらえるので、網羅性を高めるのに有効です。ただし大手の転職エージェントでは、入力した情報を基にマッチングシステムが探索するケースが多いと考えられるので、自身の意向と求人内容との適合度はあまり高くない場合があります。しかし、中には担当者が求職者一人一人の経歴を確認してスカウトメールを送っている転職エージェントもあるので、エージェントの見極めも重要です。

成功のポイント

▼どのような業界なのか？　などの求人票に記載されていない定性情報は、自分で調べたり、他人に聞いたりして調べる。
▼幅広く求人を探す為に、優良な転職エージェントなどにも登録する。

メリット

▼毎日のように、求人が大量に送られてくる。

デメリット

▼仮に、転職エージェントから望まない求人を勧められたりする場合は、断るなどの必要が生じる。

コラム

ハップンスタンス・ラーニング・セオリー

アメリカの教育心理学者ジョン・D・クランボルツらが提唱した理論です。偶然の出来事の影響を過小評価したりせず、キャリアの機会ととらえる考え方です。不確実性が高まる近年、物事が計画通りに進まないことも多々起こりますが、それに適する考えとして知られるようになりました。そして偶然を機会としていくのに必要なスキルとして、次の5つが挙げられています。

▼好奇心…新たな学びの機会を常に模索する。
▼持続性…失敗しても努力し続ける。
▼柔軟性…姿勢や状況を柔軟に変更する。
▼楽観性…新たな機会は必ずやってきて、それを達成できると考える。
▼冒険心…結果がどうなるか分からない場合でも行動する。

ポイント❶ 偶然の出来事にもアンテナを立てる

私の場合も、偶然の出来事が転職に繋がった経験があります。駅でたまたま知り合いに出会ったのですが、数日後その方が経営する会社に誘われ入社しました。その頃ちょうど会社を辞めようかと迷っていたのと、チャレンジしたいマネージャー職に関われることもあり心を決めました。また、他の事例としては、参加したサークルで知り合った人とビジネスについて意気投合して新たな事業を始める、などの話も耳にしたりします。

一見これらは偶然の賜物のように思えるかもしれませんが、私の場合は、チャレンジしたいことと相手の勧めが合致したから成立した話です。そしてサークルでの出会いも、それぞれが元々ビジネスの目標をもっていたので、それらが合致して話が進んだのだと思います。

コロナや自然災害などによる環境変化は、あらゆる人のキャリアに大きな影響を及ぼす可能性があります。このような時代には、想定外の出来事に柔軟に対応し機会としていく姿勢が重要となります。

ポイント❷ 変化を予測して行動を起こす

生物学者のダーウィンは「生き残る種とは、最も強いものではない。最も知的なものでもない。それは変化に最もよく適応したものである」という言葉を残しました。これは、変化が激しい現在の我々にもそのまま当てはまるのではないでしょうか。名だたる大企業に入り退職まで安泰と考えていたものの、業績悪化に伴う早期退職制度により50代で退職。その後のキャリア構築に苦慮している、という状況の方は少なからずいらっしゃいます。

ではどのように変化に適応していくのか？　そのヒントがハップンスタンス・ラーニング・セオリーにあるように思います。

自身の身の回りや社会全体で起こりそうな環境変化を予測し、それに対応していく方向性を定めます（柔軟性）。その方向へ進むに当たり、足りないスキルなどがあれば新たに学びます（好奇心）。そして、リスクを覚悟しつつ成功を信じて前へ進む（冒険心）。こうして変化に適応しようとする行動は、たとえ結果が思う通りでないとしても、途中の経験は無駄にはならず、その姿勢も評価に値するものなのではないでしょうか。

2 年代別

1 20代～34歳までの転職

私は29歳と32歳の時に転職したのですが、それぞれの方法は「ボランティアからNGOへ」「知人の声かけから出版社へ」と少し特殊な事例かもしれません。しかし、年齢の影響は少なからず受けていたと思います。よく言われる通り、若さはそれだけで大きな武器になり得ると思います。「新しいことに抵抗なく順応できる」「様々な業務を覚えられる」など機能的な優位性があります。私も20代の時に先輩から「君はスポンジみたいに何でも吸収するなぁ」と言われた覚えがあります。これは会社側からすると、若い社員は自分たちの理念やワークスタイルを浸透させ育てやすいというメリットがあるということでしょう。

また、色々なことに挑戦可能で、それが仮に失敗したとしても再挑戦できるのも若さの特権です。私自身も理想を胸に2社目のNGO団体に転職しましたが1年で辞めることになったので、見ようによっては失敗かもしれません。しかし、それをものともせずに次のキャリアに歩を進めました。知人から「出版社の後継者に」と声かけがあったのですが、これも30代前半という年齢の為、将来性を見込んでいただいた面があったのだと思います。

実際に第二新卒という層も存在するように、1社目を3年未満で辞めた25～26歳位までは、需要が高くなっています。その影響もあるのだと思いますが、新卒で入社して3年未満で離職する方は大学卒では3割強存在するようです。しかし、需要があるからといって安易に会社を辞めるのは当然ながらオススメできません。2025年から65歳までの雇用確保が義務化される状況下では、20代～34歳はまさにキャリア構築のスタート地点。その後30年～40年程続く社会人生活の行方を左右すると言っても過言ではないと思います。

かくいう私も、24歳で就職してから34歳までで3社に勤めており、悪く言えば「迷走していた」、良く言えば「色々な経験ができた」変化の多い時代でした。夢を追いかけて1社目を辞めたり、周囲に迷惑をかけるのを避ける為に2社目を辞めたりとまさしく若気の至りの様相ですが、自分の中ではとても充実した期間でした。この理由は恐らく、自分がやりたいことに取り組めていたからだと考えられます。自分の価値観に則して、自分なりのキャリアプランを立て、挑戦したいことを仕事にできていたので、とてもモチベーションが高い状態にありました。換言すると、内的キャリア（53頁参照）を追求できていたので、満足感が高かったのだと思います。

そして、この時期に改めてオススメしたい事柄として「得意分野や取り組みたい分野を見つける」も挙げられます。私の場合、３社目の医学系出版社時代に「考える業務が好き」ということに気付きました。ここでは雑誌のレイアウトや文字校正を担当していたのですが、1社目のＳＰプランニングの時のような頭の使い方とは異なります。プランニングでは、課題を発見して解決策を考え企画書にまとめて提案する、という探求し発見して表現する業務を繰り返します。このような物事を深く考える業務が好きなのだと、別の仕事をすることで気付かされたのです。

この時既に30歳を超えており遅きに失した感がありますが、私にはとても有意義な発見でした。というのも、この次の会社ではプランニング、マネジメントなどの「深く考える仕事」に就き、現に今も本の制作という「考える業務」に携わっているからです。

成功のポイント

- 何にでも積極的にチャレンジし、環境変化にも柔軟に対応できることをアピールする。
- 様々な経験を学びとして、仕事力に変換し続けていける将来性を強調する。
- 自分なりのキャリアプランを立て、それに則した職場を選ぶ。
- 自分の得意なこと、取り組んでいきたいことを探し、それを活かせるような職業を選ぶ。

2 35歳～49歳の転職

私は35歳で4社目に転職しましたが、1社目の先輩からお声がけいただいての復職なので少々特殊かもしれません。しかし、年齢の影響は確実に受けていたと思います。この歳になると、俗に言う「35歳の壁」を超えるのでハードルが上がってきます。企業からは即戦力が求められる為、求職者側はそれまでの積み上げが大切になってきます。私の場合はそれ程積み上げがあったようには思いませんが、1社目でのSPプランナーとしての経験を基に「戻ってまたSPプランをやってみないか？　プランニンググループを助けてくれないか？」と誘いを受けました。そして、復職するとすぐに担当が割り振られ実務をスタートしました。

その後は徐々にグループのリーダー的役割を果たすようになり、数年後、マネージャー職を拝命しました。最近は「責任の重い仕事をしたくない」などの理由で管理職を望まない方も少なからずいらっしゃるようですが、もし機会が与えられた場合は、チャレンジすることをオススメします。会社の資産である「ヒト・モノ・カネ・情報」のうち、最も扱いが難しいと言われる「ヒト」をマネジメントする経験は、自己成長に直結すると共にその後のキャリア構築にも深く関わってくると考えられるからです。

さらに、名だたる企業が早期退職制度を推し進めたり、外部の環境変化による倒産などが増える一方、就労年齢は高齢化する現在。いつ誰の身に、望まない転職が降りかかってくるか分からない状況です。もしそうなった場合、40代までに積んだマネジメント経験は、有利に働くと言っても過言ではないと思います。

ここまで「経験やスキルの積み上げ」や「マネジメント経験」が重要と述べてきましたが、不本意ながらそのような機会に恵まれなかった場合も多々あると考えられます。ではそのような時はどうすれば良いのでしょうか？　かくいう私も、50歳を過ぎてから全く積み上げのない異業種に転職しているので、その方法は次の項で紹介させていただきます。

成功のポイント

- 積み上げてきたスキルや経験を伝え、培った強みをアピールする。
- 即戦力としてどのように会社に貢献できるか、また、就業後も様々な事柄に挑戦し続けることを伝える。

▼後輩や部下をもち、マネジメントする職務を経験しておく。

3 50代以降の転職

コロナ禍や不景気の影響で飲食業界や旅行業界を離れざるをえず、事務職求人を探している。60歳まで一つの会社で勤めあげたが、以降は別の職種にチェンジしないと求人が見つからない。長らくシステム系の仕事に就いていたが、体力的にもたなくなり新たな職を探している。など、50歳を過ぎてキャリアの岐路に立つ方々と何人も出会いました。人生100年時代には、このような転換が必要となる方は今後も増えてくると考えられます。

20代で社会人となって30年弱。もし50代で転職するとしたら、その人は一体何ができるのか？ どんなスキルをもっているのか？ 得意分野は何の領域か？ ということが問われてきます。そしてこのスキルには、大きく2種類あると考えられます。

一つ目は、例えば経理職で必要な年次決算、連結決算など誰の目にも明らかで簿記などの資格として体系化もされている専門的スキル。二つ目は、例えば他人との関わりの中で必要な交渉力や傾聴力、問題発生時に活かされる課題解決力など、あらゆる企業、職種で必要とされ、持ち出し可能なポータブルスキルと呼ばれるものです。

私の場合50歳と53歳で転職したのですが、50歳を迎えた際にこう考えました。仮に70歳まで働くとしたら、この先20年。職業人のラストは、元来やりたかった社会課題解決に挑戦してみよう、と異業種への転職を決意しました。20代で働いた2社目は、経済格差解消を目指すNGO団体だったのですが、体調を崩して1年程で退職しました。心の奥底に潜んでいたその時の想いがふつふつと湧き上がり「誰もが健全に学んで成長し、働けるチャンスを平等に得られる」ことを支援するような業務に就きたいと考え、学習塾、保育、就労支援に応募しました。結果として障がい者の就職を支援する職に就いたのですが、やはり採用過程に関しては40代までとの違いを感じました。

当時はキャリアコンサルタント資格ももっておらず、専門的スキルはほぼ有していない状況でした。その中で、プランニング業務に根差した企画力、組織の問題点を抽出し改善を目指す課題解決力、組織をまとめるマネジメント力などのポータブルスキルが評価されたようでした。併せてMBAやビジネスキャリア検定の資格をもっていたのもプラスに働いたのかもしれません。

また、面接もそれ以前とは趣を異にする内容でした。当然ながら、それまでの業務経験や力を入れてきた事柄などの確認はどの企業でもありました。特に聞かれたのが、それまでに最も苦労した事柄や一番の成功事例でした。そして、より多くの時間を割いたのが、未来の話でした。当該企業が抱える課題を共有していただき、ではその解決に向けてどう貢献できるのか？ 入社後の話を前向きに話せることも、合格のポイントだと感じました。

このように年代により転職活動の状況は変化しますが、それは求人を行う企業側にも当てはまります。50代の求職者を探している企業担当者の話を聞く機会が時折あるのですが、企業の意向が伺い知れます。「40代が希望だが、50過ぎの方でも新しいことに柔軟に対応できればＯＫ」「53歳位から段々新たな学習が難しくなる傾向があるので、それより若い方」など、前向きな柔軟性が重要視されているようです。日々の環境変化に対応しつつ業務遂行している企業の立場からすれば「変化への適応力」は年齢にかかわらず必要となる要件になっているようです。

当然ながら、50歳以上でも活躍でき、逆にその年代だからこそ求められる職業も多種存在するので、年齢に縛られず転職に挑戦することはオススメです。ただその場合は、自らのこれまでの経験値や知見のみを頼りにするのではなく、新しい環境に順応し、様々なことを柔軟に身に付けていける姿勢が重要となります。

成功のポイント

▼積み上げてきた専門的スキルと、どこにでも持ち出し可能なポータブルスキルを自覚して、

アピールできるように整理しておく。
▼それまでで一番の成功・失敗事例や、苦労した事柄も整理しておく。
▼その企業が抱えているであろう課題を想定し、その解決に向けて何ができるかを事前に考えて面接に臨む。
▼過去の経験や知見に頼るだけでなく、新たなことを学び身に付けていける姿勢を大切にする。

コラム ライフキャリア・レインボー

ライフキャリア・レインボーは、アメリカの研究者ドナルド・E・スーパーが提唱した理論で「人は、年齢や場面ごとに様々な役割を担いながらキャリアを構築していく」というものです。職業人の部分だけでなく、どの役割でもキャリア構築に繋がっているという考え方です。

役割には、子供、学生、余暇人、市民、職業人、ホームメーカーが挙げられています。例えば「10代までは主に子供と学生の役割を果たし、20代からは職業人の役割が増えてくる」

というように、年代ごとに役割が変化します。

ポイント❶　あらゆる経験がキャリア構築に繋がる

キャリアは、仕事以外の役割からも形づくられます。事務職だった女性が結婚を機に退職し出産。子育てで10年弱家庭人として過ごすも、育児関連の仕事に復職した例。また、余暇人として訪れた沖縄がとても気に入り、そこで飲食店を開店した例など、キャリア形成には仕事以外にも様々なきっかけが存在します。

ですので、例えば自分が思い描いていたキャリアと異なる方向に進んでしまったと感じるような場合でも「ここから別の新たな道がスタートするかもしれない」と柔軟にとらえていくのがポイントです。

ポイント❷　オフ期もぶれずに前向きに進む

人は常に仕事の最前線に携わっているとは限りません。何かの壁にぶつかった場合、諦めてしまうとそこで歩みは止まりますが、その壁を乗り越えてジャンプアップしようという前向きさが重要です。

例えば、夫の海外駐在同行の為に働いていた会社を退職した女性。海外では、ホームメーカーが主たる役割となりましたが、在職中に培った経理のスキルを向上しようと、勉強をして簿記1級の資格を取得。帰国後、経理職での転職に成功しました。また、外食店で働いていた方がある病気にかかり退職。療養中にITスキルを身に付け、事務職にキャリアチェンジしたという話もあります。このように、一見マイナスのようでも、そのピンチを次のステップへの足がかりにして前に進んでいくことが重要です。

第3章　会社あれこれ

これまで6つの企業に在籍しましたが、成り立ちや規模など種々様々でした。大手メーカーの子会社、NGO団体、個人経営という成り立ちによる違い、社員数の多寡による違いなどがあり、それぞれに特色がありました。そこで、実体験を通じて感じた企業ごとの特徴や、向いていそうな人材のタイプを整理してみました。企業選択の際のヒントの一つにしていただけると幸いです。

1 子会社

私はある食品メーカーの子会社に16年程勤務しました。複数の子会社を経験したわけではないので「子会社とは」と語れるだけの知見は少ないかもしれませんが、在職中に感じた特徴をお伝えします。

まず筆頭に挙げられるのが「非常に安定感があるが脆弱性も内包している諸刃の剣」という点です。子会社は経営面、財政面などで親会社に守られるので安定感がありますが、逆に親会社の意向で自社の命運が変わるという定めをもっています。

分かりやすい事例が社長の変遷で、在籍16年の間に5名の方が親会社からいらっしゃいました。それと同時に、親会社の一部署が統合されたり、逆に一部分が切り離されたりと、組織体制も年度ごとに変わっているような状況でした。社長や組織が変わると会社の進む方向性にも影響が及ぶのは必定なので「会社人生において◎◎をやり遂げたい」というタイプの方にはあまり向かないかもしれません。ある時上司に座右の銘を尋ねたところ「長いものには巻かれろ」と即答されましたが、まさにこういうタイプの方に子会社はピッタリのような気がします。

また、象徴的な出来事も身近にありました。当時、自部署のメンバー補充の面接をしていたのですが、とても雄弁で自分の考えもしっかりもち、向上心が高い男性がいらっしゃいました。自部署の発展の為だけだとしたら、とても良い人材だと考えました。しかし、あまりにも自信にあふれ堂々としているので、目立ちすぎて行く行くは上層部に煙たがられるのでは？　と懸念して、不採用としました。このような事例からも、子会社には従順で協調性が高いタイプの方が合うように思います。

子会社の特徴として次に挙げられるのが「見えない壁」があることだと思います。上司から事あるごとに「親会社の人の悪口は絶対に言うな」と言われていました。親会社からの出向メンバーは、全員繋がっていて筒抜けだから気を付けろということでしたが、確かに彼らの結束は固く、越えられない壁が存在していました。

また「待遇上の壁」もありました。出向者と机を並べて同じ仕事をしたとしても、彼らの給与は親会社がまかなうので、恐らく違う額が支払われていたと思います。このような少々不条理な現象はどの会社にもあるとは思いますが、子会社はそれを構造的に内包しているので、これらに耐えられる方が向いていると思います。

ここまでどちらかと言うとマイナスな事象を挙げましたが、子会社での16年間は総じてとても有意義で楽しいものでした。何より複数の部署で色々な経験が積めましたし、出向者にもフレンドリーな方がいて、よく面倒をみていただきました。

そして「子会社」と一括りに述べていますが、社風などは会社によってかなり違いがあるようでした。私の会社は代理店機能が主体のサービス業だったからか、営業的なＤＮＡが強く、出向者におもねるのは普通という感覚でした。一方、技術系の子会社などでは、出向者は素人扱いされて肩身が狭い思いをすると聞いたことがあります。このように、子会社と言っても内情は会社によって様々なので、応募する際はじっくり検討されることをオススメします。

特徴

▼安定感がある反面、経営権が親会社にある為、組織体制や方向性の変動が大きい。

- 変化への順応性や周囲への協調性が高いタイプが向いていそう。
- 親会社と子会社の違いから生じる多少の理不尽に耐える力が求められる。

2 NGO団体

私は20代後半の1年間、発展途上国で作った商品を輸入して日本で販売するフェアトレードを行うNGO団体に勤めていました。このNGOにも教育、医療、環境など様々な分野があるので、有する特徴を一括りにはできないと思います。と言いつつもかなり特異な経験でしたので、お伝えさせていただきます。

現在はSDGsの影響などで「貧困や不平等をなくそう」という意識が徐々に高まっていますが、当時の世の中は「サステナブルとは？　持続可能ってどういうこと？」という状況でした。ですので、NGOには社会課題への意識や解決の志を強くもつ人が集まってきていました。そして、モチベーションが高いメンバーなので、待遇面が厳しくても組織として維持できていたのだと思います。社員数も10名以下で、とてもアットホームな雰囲気でした。また代表者の自宅が事務所だったので、昼食はそのキッチンで社員が順番に自炊しました。

社員の誕生日には、手作りケーキを囲み皆でお祝い会を催しました。

このように、会社というよりも、夢と希望に向かって進む仲間の協働体という色合いが強いのも大きな特徴です。また家庭的なので、家長的存在である代表者の意向がそのますぐに業務に反映されます。「◎◎をやろう!」という鶴の一声で、翌週には◎◎が実施されるような、目まぐるしい躍動感は常にありました。

大きな志を掲げて前進するので非常にやり甲斐がある仕事なのですが、注意すべきポイントも存在します。それは「多少余裕のある人が取り組んだ方が良い」ということです。給料少なめ&残業多めの状態が続くので、経済的にゆとりがあり、体力的にも頑強でないと生活維持が難しくなってしまうのです。私自身も、家に入れる生活費が減った上に腰痛を発症し、周りに迷惑が及ぶ事態となり退職を決めました。これらの事情からか、社員の入れ替わりが激しかった覚えがあります。このように「やり甲斐と実生活との両立の厳しさ」「やりたいことを仕事にする難しさ」を痛感した実りの多い1年間でした。

特徴

- 家庭的でラフな雰囲気だが、業務は短期間での変動が多く慌ただしい。
- 夢や希望の実現を目指す、志の高い人が向いていそう。

▼待遇面が良くない場合が多いので、経済、体力面などの準備をしっかり整え、余裕のある状態で入社した方が良い。

3 10人程の小さな会社

よく「サラリーマンは企業の歯車」などと言われますが、小さな会社ではこの言葉は当てはまらないかもしれません。誰が何の業務をしているか把握できますし、一人の突然の欠勤が他のメンバーに大きな影響を与えたりするので「自分が頑張らないと！」という意識は自然と高まると思います。

一人一人の距離が近い環境なので、メンバー間で仲が良ければ過ごしやすく業務も円滑に進みます。しかし不協和音が発生したりすると、逃げ場がつくりづらい環境なので雰囲気が一気に変わってきます。大企業では、たとえ不和が生じても、席を離れたり他の階に移ったりと物理的に離れることができますが、小さな事務所ではそうもいきません。また、相性が悪い社員同士のどちらかを部署異動させるなども大企業では可能ですが、小さいとそれも不可能です。どのような規模の企業でも社員が協力し合うのは大切なことですが、小さな会社では特に重要となります。この為、もしメンバーが一致団結できると、アットホームで非常に快適な職場環境が生まれます。

加えて、小さな会社で働くメリットとしては「様々な経験が積める」ということが挙げられます。業務が部署ごとに割り振られていないので、多種多様な仕事ができる機会がありま す。私自身も小さな出版社では、当時は黎明期だったホームページ立ち上げに関わったり、プロバイダー変更の為に急きょ英語でやり取りしたりしました。また、採用面接に立ち会ったり、後輩の育成などのリーダー的役割を担いました。このように、大会社では任されるチャンスが少ないような経験ができるのも特徴の一つです。

よく「小さな会社から大企業に転職するのは比較的楽だが、逆は大変」と言われます。大企業では業務が細分化され部署ごとに割り振られているので、長年在籍しても全く携わらない案件が出てきます。その為例えば「大企業の営業をしていた人材が中小に転職し、集客力アップの為にホームページの改善を命じられたが、何から手をつければよいのか全く分からない」ということが起きたりします。これらの事例から、もし小さな会社で働く場合、その利点を活かして種々雑多な仕事を経験してみるとよいと思います。

特徴

▼良くも悪くも他のメンバーのことが把握できる。業績が悪くなく、メンバー間の仲が良ければ、居心地が良い。
▼空気が読めて協調性の高い人が向いていそう。
▼種々雑多な経験を積める可能性があるので、積極的に色々な業務に挑戦すると良い。

4 1000人規模の会社

前述した通り、私は10人程の会社から1000人規模の企業に転職したので、様々な違いを体験しました。

まず真っ先に感じたのは「顔と名前が一致しない」ということでした。ビルの複数階にフロアがある場合などは尚更で、例えばエレベーターでも「この人もしかしたらうちの会社の人かもしれないなぁ」と頭をひねるようなことがよくありました。また部署が多数あるので、それぞれの業務内容が明確に分からないのも、大企業でよくある話です。これらを解消する為に、社員や各部署の業務内容を紹介する社内情報ツールが使われたりします。そうは言っても、仕事上で他部署と協力したり人事異動で馴染みのない部署に移ったりもするので、普段から様々な人と幅広くコミュニケーションをとっておくのがオススメです。

大企業の特徴としては、業務の細分化、ゼネラリストを目指せることなども挙げられます。小さな会社では、パソコンのセットアップや故障対応などは各自で行うケースが多いですが、大企業ではそれを任せられるIT担当者がいたりします。また、自身の担当業務以外の雑多な用件は、総務・人事などの専門部署が担い業務が細分化されています。そして、終身雇用・年功序列の日本型企業では、社員に複数の部署を経験させてゼネラリストを育成するので、それを目指す人には相応しいかもしれません。

また、変化の多い近年はやや当てはまらない部分もありますが、規模の大きな企業は小さな企業よりも安定しているという傾向があります。しかしこれは諸刃の剣で、以前のように、定年まで勤めあげてリタイアできればよかったのですが、70~80歳まで働く必要が出てきた昨今は事情が異なります。名だたる大企業で本部長クラスまで勤め60歳で辞めて転職活動をするも、なかなか決まらず困っている方。大企業から中小企業に転職し「◎◎にいた人だから」と寄せられる高い期待に応えられずすぐに退職する方などが、これまでいらっしゃいました。

ここから、大企業に在籍していたからといって転職しやすいわけではなく、逆にハードルが上がる場合もある、という教訓が得られます。よって、大企業での就労中にも常に自身のキャリア構築の方向性を見定め、能動的に動いておくことが重要になります。例えば「現業の改善案を提案し、新たな仕組みをつくったり、利益を生み出す」「社内で異動を願い出て異なる分野の経験値を積む」「勉強して必要な資格を習得する」など、具体的なアクションは様々です。そしてさらに、早期退職して早めに再チャレンジするのか？　はたまた、再雇用まで粘り、その後転職するのか？　などの検討も必要となります。

特徴

- 一般的に、ゼネラリストを目指すには大きな企業が良い。
- 人生100年時代には大企業退職後も転職する可能性があるので、次のキャリアを想定しつつ働く必要がある。

コラム

内的キャリア・外的キャリア

内的キャリア・外的キャリアは、アメリカの心理学者、エドガー・シャインが提唱した理論です。一般的にキャリアと言うと、職種や業種、役職などの他者から分かるものを指しますが、シャインの理論ではこれらは「外的キャリア」と呼ばれます。一方「内的キャリア」とは、仕事に対するモチベーションや意味付け、価値観などで、外からは見えないものとなります。

一昔前は、例えば「有名大学を出て大手企業に入り、昇進しながら退職まで勤めあげる」というような、誰しもが目指すような外的キャリア像が存在していました。しかし、退職後も次の職が必要となり、企業のレールに乗るだけでは終わらなくなってしまった人生100年時代。さらに、価値観が多様化して、誰もが理想とするようなキャリア像がなくなってきた現代は、自分の価値観に基づく内的キャリアの重要度が高まってきているのかもしれません。

ポイント❶　自分の「内的キャリア」を明確にしておく

例えば、有名な大企業に属しているものの、日々漫然と仕事をこなしている人と、無名企業だが、やりたい仕事に全力で打ち込んでいる人。自分だとしたらどちらの道を歩みたいでしょうか？　勿論、人の価値観や状況によるのでどちらが正解というわけではありませんが、明らかに後者の方が前向きなイメージです。この理由は、後者の方が「内的キャリア」が充実していてモチベーション高く仕事をしているからでしょう。これは極端な事例かもしれませんが、少なからず思い当たる節はあるのではないでしょうか？

ここから、日々やり甲斐をもってポジティブに働く為には、まず自身の「内的キャリア」を明確にし、それを実践できるような職に就くことが重要になります。

当然ながら、家庭などの守るべきものがあったりすると「内的キャリア」よりも収入などの「外的キャリア」を優先せざるを得ないケースも多々あると思います。そのような場合、ボランティアや副業で「やりたいこと」を実践したり、日々の業務の中でやり甲斐を見出すと、次のキャリア構築にも繋がっていくと考えられます。

ポイント2 「内的キャリア」をアップデートする

キャリアは、自身を取り巻く環境や志向などの影響を受け変動します。私自身も、モノを考える仕事がしたいとプランナーになり、次第にマネジメントに興味をもち始め、その後は社会課題解決へとほぼ10年単位で「内的キャリア」が変遷しました。そしてそれに合わせて職を変えてきたので、常にモチベーション高く仕事ができていたのだと今になって再認識しています。

やる気の源とも言える「内的キャリア」。自分の中での「内的キャリア」の変化に向き合いつつ「外的キャリア」ともバランスを保ちながら、アップデートし続けることが大切です。

第4章 転職へのチャンスあれこれ

転職活動と一言で言っても、その内容は千差万別です。転職の目的・きっかけとなった出来事・活動期間・その方法などは、人によって大きく異なります。より多くのスキルを身に付けキャリア・アップする為に転職する人。勤めていた会社の業績不振による人員整理で突然失職し、職を探す人。家庭環境が変化したので、それに伴い収入アップを目指す人。など多種多様な様相を呈します。

よって転職活動を成功に導く要素も様々で、コレさえあればＯＫという特効薬はなかなか見当たらないのが現実です。そこで、どのような方・どのような状況にでも当てはまるような、あらゆる転職活動に通底する要素は何かを考えました。それがこの章でご紹介する「キャリアの考え方」「普段からの備え」「普段の働き方」です。

これからは一生をかけてキャリアを紡いでいく時代なので、転職の時期だけでなく日常の過ごし方が大切だと考えました。常日頃からキャリアを意識して、その構築への備えをしておくことが、転職成功の大きな要因の一つだと感じています。

1　キャリアの考え方

企業で働く人が仕事上の目標設定をしたり、自己分析をする際に一般的に使われるフレームワークに、このwill・can・mustがあります。willは「やりたいこと、興味があること」、canは「できること、もっているスキル」、mustは「やるべきこと、周りから求められること」を表します。この3つの切り口で分析すると、現在の自身の状況を見つめ直すことに繋がります。転職活動時の自己分析で活用されるwill・can・must。これを基に自身を客観的に認識してみると、現在の立ち位置やキャリア構築に向けて取り組むべきことなどが浮かび上がってきます。

では、具体的にどのように思考すればよいのか？　will・can・mustの順に見ていきましょう。

〔図1〕

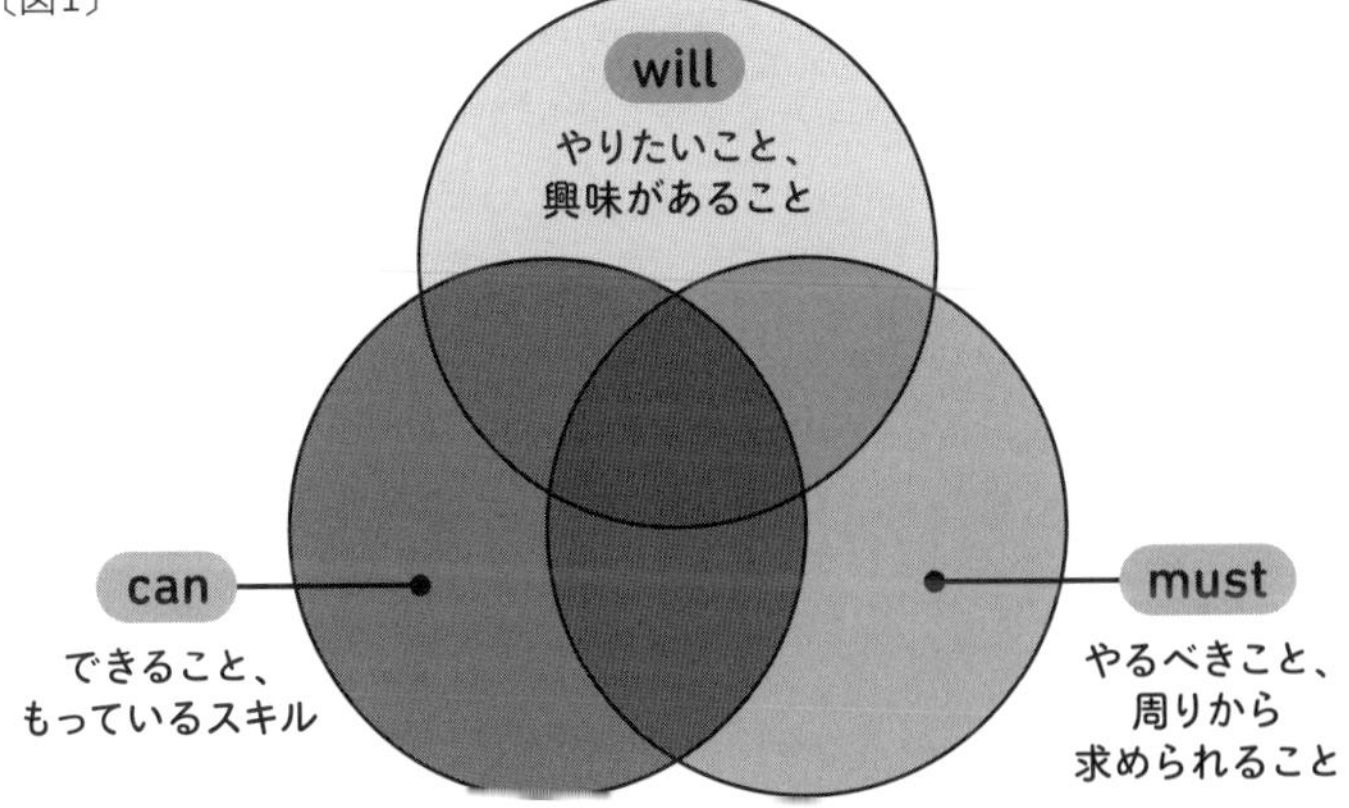

1 will(やりたいこと)

「ワークライフバランス」という言葉はすっかり浸透しましたが、それぞれが描くイメージは十人十色ではないでしょうか?「趣味を楽しむ為に、何でもよいから稼げる仕事がしたい」「仕事が趣味のようなものだからプライベートはそれ程必要ない」など様々だと思います。しかし、1日の約3分の1を占める8時間を費やし20歳頃から40~50年間続くワークなので、やりたいことに就けるのは幸せなことではないでしょうか?

因みに私が転職する場合は常にこのwillを優先するようにしてきたので、満足度が高い勤労生活を過ごしてこられたように感じます。新卒では「物事を企画するような仕事」を目指してSPプランナーとなり、2社目では「絶対的価値のあること」に取り組みたいとNGO団体に。そして「マネージャー的なことを経験してみたい」と次の医学系出版社に移り「ものを考えることが好き」であることを再認識して4社目にというような具合です。

傍から見ると、脈絡がないように感じるかもしれませんが、その時々の自分の価値観に則して検討し進めてきた道のりなので、後悔もないのだと思います。加えて私は、転職して未知の世界に飛び込み新しい業務に携わること自体に、前進しているような価値を見出すので、挑戦し続けてこられたようにも思います。

そうは言っても、自分のやりたいことを見つけるのはそうそう容易ではありません。逆に、沢山ありすぎて絞るのが難しいケースもあるかもしれません。そこで、そのヒントを以下にご紹介します。

まず、日頃の仕事から気付くことが多々あります。「他人とコミュニケーションをとるのが得意」「他人とは関わらずコツコツと作業をするのが向いている」「新たな提案をして物事を改善していくのが好き」など、自分に適していることを自覚するのは、やりたいこと探しに繋がります。

また、様々な業務に携わることで気付かされる場合もあります。私は1社目で商品の販売促進策を企画する業務に就き、2社目で通信販売、3社目で出版系の仕事に携わりました。これらを通し、自分が一番楽しめてやり甲斐を感じるのは「物事を考えたり企画すること」だと自覚するに至りました。このように、転職をきっかけに「やりたいこと」を見つける場合もありますが、キャリアチェンジはそう簡単にできることではありません。

そこでオススメなのが「興味のある業務に近い体験をしてみる」ということです。アルバイト、実習やボランティアなどで、関心のある業務に実際に取り組んでみると良いと思います。もしそのような機会がないとしたら、携わっている人の話を聞いてみたり、ネットや書籍で情報を集め、その業務のイメージをなるべく明瞭に描くのもオススメです。

私は大学時代に家庭教師、塾講師、腕時計のタグ付けのバイトをしました。それらを通し、人に物事を教えたり伝えたりするような仕事は面白く感じるけれど、タグ付けのような単純作業は好まないことに気付きました。このように「興味がわかないこと」を知るのも、とても有意義だと思います。また仮に、自分が何に興味をもっているのか分からない、という場合は「VPI職業興味検査」などの適性検査で自己理解を深めるのも良いかもしれません。

ポイント

- 普段の仕事を通してwillを探す。
- 様々な体験にチャレンジし「楽しく感じること」「興味がわくこと」を自覚する。
- 人の話や日常で触れる情報にアンテナを立て、幅広い視点でwillを探索する。
- 「VPI職業興味検査」などで自身についての理解を深める。

2 can（できること）

仮に「やりたいこと」が見つかったとしても、それができるかどうかは別の話となります。やりたいことがあっても、それが行えなければ「絵に描いた餅」になってしまうので、willとcanはセットで整えていく必要があります。ではcanを増やしていく方法は？　となると、will同様に普段の仕事を通して行うのが一般的です。営業、マーケティングなど数ある専門的な業務は元より、電話応対・データ入力・打合わせなどの日常業務も、すべてcanととらえることができます。

ここで重要になってくるのが、自身の様々なcanのうち適性の高いものを見極め、育てていくことです。例えば、事務職をしていて電話応対が得意だと気付いた方が、電話オペレーターに転職。その後キャリアコンサルタント資格を取得して、キャリアカウンセラーになったという事例を聞いたことがありますが、このようにcanは育てることが可能です。

また、私自身は日々の仕事の質を上げる為に、実務に関する資格取得に努めてきましたが、これもcanの補強になっていたと言えます。通販業務時は、その市場の成り立ちや特色を理解する為に通販エキスパート資格を。マネージャー職に就いた際は、会社の経営全体を把握し実務に活かそうとMBAを。障がい者の就職支援で面談を行っていた時は、キャリアコンサルタントをというように、日々の業務を補完するように勉強し資格を取るようにしていました。そしてこれらの資格は、転職時の強力な武器となったのは言うまでもありません。

以上のように、canは日常業務から見出して、強く大きくしていくことが重要です。さらにcanは、職種や資格のように明瞭なもの以外にも、多数存在します。代表的なものとして、社会人基礎力として求められる発信力、課題発見力、柔軟性などの目に見えない力が挙げられます。例えば、営業職の方が転職した場合、会社によって営業の内容も進め方も異なるので、前職での営業法がそのまま通用するとは限りません。そうした際に、柔軟性を発揮して新しい手法を覚えたり、発信力を使い周囲に助けを求めたりという働きかけが大切になってきます。このように、あらゆる会社で通用し、汎用性が高い力もcanの一つになり得ます。

もし、自分はcanが少ないと感じているとしても、誰にでも強みはある筈です。子供の頃「◎◎さんは責任感があるね」と言われたことがあったとしたら、社会に出ても何かを最後までやり遂げて会社に貢献した経験があるかもしれません。だとしたら、実行力をcanとして挙げて良いのではないでしょうか？

以上のように、canを見出すには、日常業務や過去の自身を振り返り、得意分野を自覚することが肝心です。それにプラスして重要なのが、見出したcanに磨きをかけていくことです。

ポイント

- ▼普段の仕事から、canを作り上げていく。
- ▼ＯＪＴだけでなく、資格勉強などを通してcanを補強する。
- ▼canがないように感じても、今までの自分を棚卸して探してみる。
- ▼canを大きく強く育てていく。

3 must（やるべきこと）

「やるべきこと」は「求められること」と言い換えても良いかもしれません。社会や周囲、身近な人などから求められることはmustとなります。例えば、日本ではIT人材が不足しており、産業発展の為に必要とされているとしたら、IT技術者になることをmustと位置付けるというイメージです。

私の場合は、仕事で社会に恩返しをしたいと考え、社会課題の解決をmustととらえました。貧富の格差解消の一助にとフェアトレードに取り組むNGO団体で働いたり、雇用機会均等を目指して障がい者就労支援をしたりという具合です。

世界情勢の先行きが不安定で、社会課題が山積している今の時代は、その解決に向けてやるべきこと（must）が多く存在していると言えるかもしれません。

社会からの求め以外に、家族や身近な人たちからの要求も種々存在しますが、それらもmustに分類されます。親から会社を継いでほしいと求められたり、上司から◎◎に取り組んでほしいと打診されるなどもmustととらえられます。私は、後継者にと声をかけられ3社目に入ったり、4社目で取り組んだマネジメント経験が契機となり次の障がい者就労支援に繋がったりしました。このように周囲からの求めや会社での職務が、転職に直結したり後々のキャリア形成に影響を与えたりするので、自分が取り組もうとすることはどのような意味合いがあるのかを、常に客観視することは重要だと思います。

そして、このmustを吟味する際にポイントとなるのが「鳥の目、虫の目」です。鳥のように高い視点で世の中全体を見渡し、これからどのような変化が起こり何が必要とされるのか？　どのようなことがなくなっていくのか？　などを検討します。それと共に「虫の目」で物事の詳細を分析します。

例えば「今後はＡＩに代替される仕事は減っていくが、人間ならではの業務はなくならないだろう。↓人間にしかできない仕事は色々あるが、それらのうち私が得意そうなのは相談業務だろう。↓相談業務にも色々あるが、これからの日本では転職する人が増えそうだから、キャリアコンサルタント（以下、キャリコン）は求められる場面が増えるかもしれない。↓キャリコンは国の施策としても増員を目指していて、やはり需要が増えていきそうだ。↓キャリコンになるには、勉強して試験を受けて資格を取るのが必須だ」というように、高い視座から全体像を眺め、徐々に視点を下ろしていくイメージです。

身の回りに情報が溢れている昨今ですが、その中から時代の趨勢をキャッチしつつ、自分に求められることを探索・検討することが肝要だと思います。

ポイント

▼mustは、社会課題の解決のような大きな括りもあれば、会社から任される業務なども当てはまる。
▼「社会の潮流から今後求められることを探し、それにはどのような要件が必要になるのかを確認する」というのは、mustを見つける方法の一つ。
▼日常業務の際も、どのような求めに応じて行い、今後どのように発展できるかなど、自分なりの意味付けをする。

4 3つの重なりを大きくしていく

ここまでwill、can、mustそれぞれについてお伝えしてきましたが、最後に3つの関係性について考えてみましょう。

まず、転職には3つのうちどれから始めればよいのか？　という点については、どこからでもOKだと思います。

◎willからパターン
やりたいこと（will）が見つかったので、需要（must）があるかどうか調べると、求人が多そうなことが分かった。そこで、できる（can）ようになることを目指して訓練することにした。

◎canからパターン

得意なこと（can）があるので、需要（must）の有無を調べると、これから成長していきそうな業種だと分かった。するとやる気（will）も出てきた。

◎mustからパターン

やるべきこと（must）があったのでひとまず取り組んでみた。すると段々できるようになって（can）楽しくなり、やりたく（will）なってきた。というイメージです。

因みに私の場合は、命じられた実務（must）の業務改革にやり甲斐や適性（will）を感じたので、ビジネススクールに通ってMBAを取得し（can）次の職に繋げました。また、障がい者就労支援業務（will）を強化すべくキャリアコンサルタントの勉強をして（can）、中高年層の転職支援という社会課題解決（must）をする企業への転職が叶いました。このようにどれが起点となっても転職は成立するので、どれかを発端にして、3つを漏れなく整えていくことが重要となります。

次に大切になってくるのが「3つの重なり部分を大きくする」ということです。例えば、やりたい気持ち（will）が強くあったとしても、それに関してできる事柄（can）や取り組むべき意義（must）が少ない場合、3つの重なり部分は少なくなります。そして、やる気の大きさだけを評価して採用する企業はなかなかないので、転職を前に進めるのは難しくなります。このような場合、willを達成に導くcanを増やしてwillとの重なり部分を大きくしたり、さらにmustもプラスするなどの対処が必要になってきます。やる気と実力と意義を十分に兼ね備えて円の重なりが大きい場合、転職が成功する可能性も高まると考えられます。

ポイント

▼転職を考える際will、can、mustのどこからスタートしても問題ないが、3つを漏れなく検討することは重要。
▼3つの重なり部分を大きくする程、転職が成功する確率は高まる。

コラム

エンプロイアビリティ

職に就くには、自己理解と職業理解の双方を深め、適性に合う職を探すというのが一般的です。自分のことは自分が一番分かっているような気がするかもしれませんが、正確に自己理解するのはそうそう簡単ではありません。

自己理解の軸としては能力・価値観・知識などが挙げられますが、近年、職業能力を表す「エンプロイアビリティ」という概念が生まれています。employ（雇用する）とability（能力）を組み合わせた言葉で「所属企業に継続的に雇用される力」と「他の企業への移動を可能にする力」を指しています。

ポイント❶ 企業による支援と自助努力の双方を大切にする

エンプロイアビリティの獲得方法には「仕事や企業の支援を通じて身に付ける方法」と「自助努力により身に付ける方法」の2つがあるとされています。日々の業務を通して得られるスキルや、企業で実施される研修などで得られる知識は、就労しているとほぼ自動的に獲得機会が提供されます。一方自助努力による能力は、個人が新たな資格を習得したり、普段の業務で何らかの提案をして課題解決したりと、取組み方次第で種々存在します。

これらの一つ一つは毎日の小さな取組みですが、これが積み重なると大きな力へと変わっていきます。そしてこのエンプロイアビリティが目に見えて明らかになる代表的なタイミングが、転職時です。

転職活動では、職務経歴書を提出し、採用面接を受けますが、この職務経歴書を読み込むと、その人のスキルが自助努力によるものなのか、企業の支援で得たものなのかが明確に把握できます。また、面接を通しても、その人がいつ・どのように職業能力を身に付けたのかが手に取るように分かります。そして、自助努力をしてきた人材は、入社後もそうしてくれるであろうという企業からの期待値が高まり優位になることは想像に難くないでしょう。それ故に、企業からの支援による受け身的なものだけでなく、自発的にエンプロイアビリティを高める努力も非常に重要となります。

ポイント❷　技能・行動・価値観の3つを意識して育てていく

エンプロイアビリティを構成する要素としては、ⅰ知識・技能、ⅱ思考・行動の特性、ⅲ性格・価値観の3つが挙げられます。ⅰ知識・技能は、職務遂行に必要となる特定の知識・技能などの顕在的なもの。ⅱ思考・行動の特性は、協調性、積極的など各個人が保持している特性。ⅲ性格・価値観は、動機、人柄、性格、価値観などの潜在的な個人的属性に関するもの、とされています。

3つの関係性としては、図のように「価値観」をベースとして「思考・行動」がなされ、さらに「知識・技能」が積み重なるという構造になります。通常、企業が人の評価などをする場合ⅰ、ⅱを基に行い、他人から見えないⅲは対象にはなりません。しかし「性格・価値観」はⅰ、ⅱを生み出す基となる根幹部分なのでとても重要となります。

メジャーリーグで活躍する大谷翔平選手が、高校時代に「マンダラチャート」という目標達成シートを作り、それが後の活躍に繋がっているという話がありますす。そこには、運を上げる行動の一つに「ゴミ拾い」と書かれているのですが、彼は大リーグのグラウンドでも「ゴミ拾い」を続けており、米国の称賛を受けています。このように自己の価値観を基に目標を掲げその実践を継続すると、エンプロイアビリティが高まっていきます。

〔図2〕

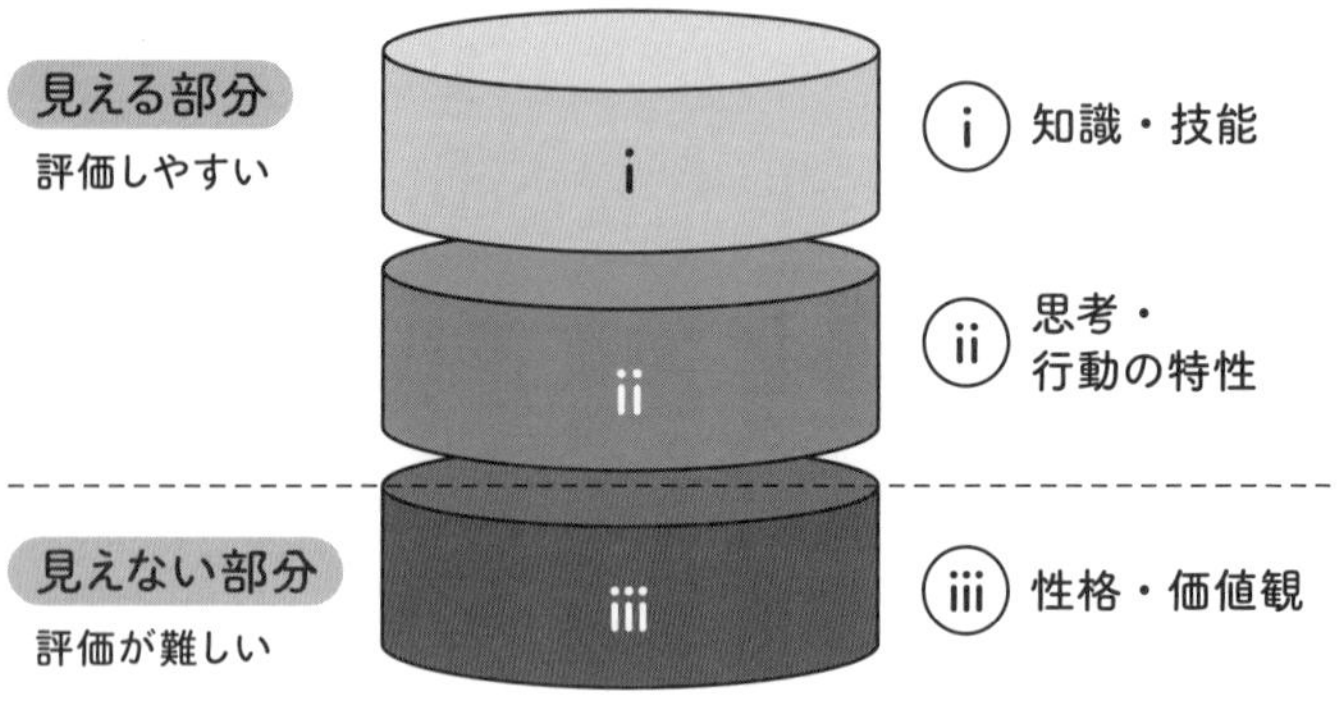

2　普段からの備え

一般的に企業の経営資源としてヒト、モノ、カネ、情報の4つが挙げられ、企業存続にはこれらをバランスよく活用し続けることが必要とされています。そしてこの概念は、転職を目指す場合にも応用できます。ヒト（社会面）、モノ（経歴・スキル&体力面）、カネ（経済面）、情報（情報面）の蓄えを日頃から整えておくと、いざ転職！という時に物事がスムーズに運びやすくなると考えられます。例えば、望まない退職の場合でも、これらの蓄えがあると、ある程度余裕をもちつつ次の職場を探すことができるので、転職の成功率も高まっていきます。

この章では、それぞれの内容、備え方をご紹介して参ります。

1 社会面（ヒト）

「人脈は金脈」という言葉もある通り、あらゆる人とのご縁は、そこを起点として多方面に広がる可能性を秘めています。

私自身も学生時代の友達のお父様の声かけで3社目に移りましたが、当時はまさかそのような未来が待っていようとは露知らず過ごしていました。このように転職にストレートに繋がるケースは稀かもしれませんが「友達の知り合いが◎◎のような人材を探しているのだけど興味ない？」などと、転職にまつわる話題が挙がることは決して珍しくはありません。さらに転職した後も、前職で広げた人脈を活用したり、前職に営業をかけるなども頻繁に見られますが、まさに「人脈は金脈」を表しています。

逆に、最初から金脈を狙って人付き合いを始めると「金の切れ目が縁の切れ目」となったりもするので、どのようなご縁も大切にして真摯に向き合うことが重要なのだと思います。

人の繋がりはどこで生まれるか分かりません。「自分の知り合いと、友達の上司が兄弟だった」「営業先に高校の同級生がいた」というような私自身の例にもあるように、人と人は意外な繋がりがあったりします。ですので「◎◎さんとは□□なことがあったから良い印象がない」と悪く評されるよりも「◎◎さんは△△でよかった」と言っていただけるように、常日頃どなたとも円満な関係性を築くように努めるのも大切なポイントになります。

併せて、近年の見逃せない潮流としては、面識がない人とも簡単に知り合いになれるネット上での人脈構築があります。「緩やかな関係性」などと称されたりしますが、ＳＮＳのグループで求人を紹介して適任者を探すようなことも日常的に行われています。いつどこで貴重な繋がりが生まれるか分からない現代ですので、半ば不特定多数の人との緩やかな人脈も価値あるものと言えるでしょう。

これらの「どのようなご縁も大切にする」「様々な人とネットワークをもつ」などは、転職に限らず昔から言われてきた人付き合いの基本ですが、いざ実践するのは困難だったりします。特に感染症の発生以降、人と人との交流が限定的になってきている昨今では尚更です。このような時代だからこそ、人付き合いの基本動作を粛々と続けることは、転職活動時にも大きな力となっていくでしょう。

2 経歴・スキル&体力面（モノ）

転職に必要な要素で欠かせないモノの筆頭として、経歴や保有スキルが挙げられます。そしてこれらに関しては、他の章で蓄積法を紹介しているので、ここでは体力面について述べさせていただきます。

転職するしないにかかわらず、健康な身体は働く為に必要な条件となります。勿論、体調不良や病を抱えつつ働くケースも多々ありますが、そのような場合も加療して健康体を目指しつつ勤務を継続するのが一般的です。ことに今後は、定年年齢の延長などで65歳〜70歳まで働き続けることになりそうなので、健康な心身の維持は最重要課題ともなっていきます。そこで企業側も、従業員の長期間就労を目指し健康経営に取り組んでいます。「社内に格安のマッサージ室を設置」「健康維持に取り組んだ社員に賞品を授与」「従業員の血糖値を重要指標とする」など多種多様な施策が行われています。そして、この傾向は高齢化が進む今後も益々加速すると想定されるので、転職の際も注意が必要です。

転職して新たな企業に入社する場合、健康診断を行い心身の状態を確認します。ここで何か不調な部分が見つかったりすると、入社時期が遅れたり、最悪の場合入社できない事態も起こり得ます。これらを避ける為にも、日頃から健康体を維持することが重要となります。そうは言っても、人間の身体は変調するリスクを常にもっています。そこで、万が一望まない病に罹患したとしても、厚生労働省で就労支援制度が整備されていたり、民間でも支援事業が存在したりするので、相応しい機関に相談して打開策を講じていきましょう。

3 経済面（カネ）

お金は生きる上で必要不可欠なモノですが、転職活動においても同様です。就業しながらの転職活動で転職先が見つかり、間断なく働けて給与が得られれば良いですが、離職して次がなかなか見つからなかったりすると、貯金を切り崩して生活費に充てるなどの対処が必要になります。また、仮にすぐ転職できたとしても月収が減少すると、その補填が必要になるかもしれません。さらに、予め計画を立てて進めていた転職なら経済的な手立てを事前に講じることもできますが、突然の退職勧告などの場合は、窮地に立たされるかもしれません。

また、それまで働いていた職種・業種と異なる分野に転職する場合なども、一からのスタートとなるので給与は下がる傾向があります。

このように、いつどのような事態が訪れるか分からないので、それらに対処できるように金銭的な余裕をもつことが理想です。

かつて、このような話を聞きました。転職を目指して半年間の職業訓練に通い始めた方がいました。その際の生活費や諸費用は、家族から援助を受けギリギリながらも3ヶ月程経過しました。しかし、家族が突然失職の憂き目にあった為、援助が途切れてその方は泣く泣く訓練を中断。ひとまず生活費が必要となり、不本意な職場に転職せざるを得ませんでした。このように、経済的な余裕がないと職業の選択肢が狭まってしまい、逆に余裕があると職業選択の幅が広がることに繋がります。

以上のような「金銭的ゆとりをもつ」ことにプラスして、転職時に大切なポイントが「生活様式の柔軟性をもつ」ことだと思います。換言すると、身の丈に合った生活ができるということです。仮に転職して収入が減少した場合、それに応じて何らかの支出を減らすなどの工夫が必要となります。そんなことは当たり前と感じるかもしれませんが、収入が減ったにもかかわらず以前の趣味などが止められないケースは散見されます。私が見聞きしただけでも、車の模型集め、改造車、競馬などが止められず借金を重ねたというケースがありました。

一度習慣化した生活パターンを変更するのは難しいかもしれませんが、自身の置かれた状況に合わせて変化できる柔軟性も転職には重要となります。

4 情報面（インプット情報）

1990年代頃から情報化社会と言われるようになり早30年。情報は日々洪水のように溢れているので、転職活動でも「適切な情報のピックアップ」が大切となります。近頃は世界情勢の影響で激変する業界や、技術革新などで大きな変革を迫られる企業があるので、最新情報に常に触れておくのは基本動作と言えるでしょう。そして、その変化がどのような作用を我々にもたらすのか？　を想定する仮説思考も重要となります。

以前、POSデータを分析してその結果を次の施策に活かす業務をしており、その際に気付いたことがあります。データは、それを分析する切り口によって導き出される結果が異なります。そして、その切り口は無数にあるので、闇雲に分析し始めると膨大なデータに振り回され出口が見えなくなることがありました。このような場合に必要になってくるのが仮説思考です。例えば「商品Aは売上が拡大傾向」という仮説をもって3ヶ月間の月間売上推移を分析するも、その3ヶ月はダウントレンドだったとします。しかし仮説を信じ、6ヶ月ごとの平均売上を3年前から分析してみると伸長しており、やはり商品Aは拡大傾向にあることが判明。直近3ヶ月は市場も縮小しており、ダウンの要因は時期的な影響だと判明した。というような具合です。

データ分析に仮説が大切なのと同様に、情報も仮説を基に体系的に読み解くのがポイントとなります。特にプロもアマチュアもこぞって情報発信が可能な現在、数多ある情報から必要なものを適宜ピックアップするのは至難の業とも言えます。

因みに私も50歳間際でその後のキャリアを考えた際、以下の仮説を立てました。

◎今後AIに代替される業務は多いが、逆にヒトしか出来ない業務は重宝されるだろう。
◎日本は少子高齢化が進み労働市場も他国と比べて生産性が低いので、今後様々な社会課題が噴出。それらの課題を解決するような仕事は需要が増えるだろう。

これらの仮説を基に、人手不足を解消し誰もが働ける社会を目指す障がい者支援の道に足を踏み入れました。業務の中で障がい者の方の話を色々と聞くうちに、これはヒトにしかできないと感じキャリアコンサルタントの資格を取得。その後、50歳を過ぎた現在も、志望する仕事への転職に成功しています。

情報収集でのもう一つのポイントは「幅広い情報源から集める」ということです。今や、情報源は星の数程あると言っても過言ではありませんが、日常的に接するものは偏りがちではないでしょうか？　スマホのホーム画面に置いてあるサイトや定期的に読む新聞・雑誌などを情報源にしている場合が多いと考えられます。また、普段会話をする相手も、家族、職場の同僚、ラインで繋がる友達などと限られるのが大半だと思います。

これらは自然なことで決して悪いことではないのですが、注意を怠ると、得られる情報が偏る可能性が出てきます。仮に偏り過ぎてしまうと、何か物事を判断する際に支障が出てくるかもしれません。

ある方の転職活動でのエピソードです。内定が出た企業に入るか否か迷っていましたが、その方の年齢・スキルなどからすると第三者的には良い話でした。しかし、相談した友人がその案件のマイナス部分ばかりにスポットライトを当てた結果、入社しないことになりました。もし別の友人などにも相談していたら、結論は違っていたのかもしれません。

逆に私の場合、知人の一言でその後の人生が変わりました。障がい者支援をしていた際、社会福祉士かキャリアコンサルタントのどちらの資格取得を目指そうか迷っていた時に「福祉士は大勢いるけどキャリコンはこれからだからそっちにしなさいよ」と言われました。その方は、80歳を超えても社会で活躍されており尊敬していたことも手伝い、迷わずキャリコンに決定。現在の道に繋がっています。

このように、相談相手によって導き出される回答も違ってきます。同じ事象でも、見る人の立場や視点によって解釈が異なるので、普段から色々なタイプの人と繋がりをもったり、幅広い情報源に接したりすることが重要となります。そして、柔軟な考え方をしていくことが、変化の激しい現在には重要なのだと思います。

コラム

プロティアン・キャリア

アメリカのダグラス・T・ホールが提唱した理論で、変身する能力をもつギリシャ神話のプロテウスに因み、変幻自在なキャリアを表しています。この理論では、キャリアの主体は「組織」ではなく「個人」、核となる価値観は「権力・昇進」ではなく「自由・成長」、重要なのは「地位・給料」よりも「心理的成功」などと謳われています。

そしてこの理論をさらに展開しているのが法政大学の田中研之輔教授で「キャリア資本」という考え方を提唱しています。

それには、スキル・資格・職歴などの「ビジネス資本」、職場や友人などのネットワークによる「社会関係資本」、金銭・財産などの「経済資本」の3つがあり、キャリアを資本としてとらえる重要性が説かれます。

ポイント❶ 自己理解を深め自己像を描く

キャリアを築いていく主体は個人にあるので、まず自分自身の能力・興味・価値観などがどのようなものかを明確に理解する必要があります。そして、それらに基づき自分が本当に進みたい道や将来像を描き、歩を進めます。

仮に、自身が主体とならずに他人の意見などに従い働いていると、平時は問題ないとしても、何か難題が生じた場合などにそれを乗り越えるのが難しくなったりします。しかし自分自身で定めた道だとしたら、たとえ困難が襲ってきても、それを乗り越える力は強いものとなり、前進できる可能性が高くなります。

ポイント❷ キャリア資本を蓄積していく

長い就労生活の間には、社内での部署異動や転職は誰にでも起こり得る現象です。しかし、この事態との向き合い方によって、その後のキャリアは異なってきます。

例えば、営業一筋だった人が総務に異動となった場合、やはり自分には営業が向いていると他社に転職する道もあるでしょうし、チャンスととらえ総務職に取り組む道も開かれています。総務部門は全社的な視点で業務を行うので、幅広い「ビジネス資本」が身に付くと共に、社内各部署との人的ネットワーク、即ち「社会関係資本」も構築することが可能です。現にこのような経歴を辿って経営企画に携わるようになり、その結果企業の中枢ポジションに就いている方々に出会ったことがあります。

以上のように、異動などの変化を「キャリア資本」蓄積の好機として前向きに取り組み、それをバネに次のステップに進んでいくことも、これからの時代には重要となるでしょう。

3 普段の働き方

変化が多く先が読みづらい昨今ですが、この傾向は暫く続くと想定されます。コロナ禍で病院に入れなくなり契約を打ち切られたMRの方、輸入事務をしていたがコロナ禍で物が入らなくなりやむなく退職した方など、環境変化により失職した話を身近に聞くようになりました。しかしこのような事態は、いつでも誰にでも起こり得ると思います。

また最近は、50代以上の世代が転職に苦労している事例も増えているようです。名だたる大企業で定年を迎え、それまでの経験を活かした転職を目指すも、受け入れ先がなかなか見つからない。大企業である程度の地位まで上り詰めて活躍したスキルがあるのになぜだろう？　というパターンです。このような事例を見聞きする度に「もう少し前から定年後について考えていれば」「途中でキャリアチェンジしていたら」などの考えが頭をよぎります。

以上のように、現在の労働市場は、先行きが不安定な環境下で長く働く必要があるというものに変化しています。

では、このような状況にどう対処すれば良いのでしょう？　色々な方法があると思いますが、その一つが「日常的に自身のキャリアを客観視して研鑽を積む」というもので、この章で紹介させていただきます。

知を創造していく方法に、一橋大学野中郁次郎先生のSECIモデルという考え方があります。それがキャリアにどう関係するの？　と思われるかもしれませんが、知とキャリアはどちらもヒトに蓄積されて外からは見えないもので、研鑽により向上するという共通点があります。よってこのモデルがキャリア構築に転用できるのでは？　と考えました。そこでまず、SECIモデルの概要をご説明します。

SECIとは、Socialization（共同化）、Externalization（表出化）、Combination（連結化）、Internalization（内面化）という4つの頭文字を繋げたもので、これらのプロセスを回すことで新たな知を創造していきます。（図3）この暗黙知を形式知に変換する方法が、キャリアの模索に転用できると考えました。

具体的な方法を以下に紹介致します。

1 共同化

「経験を共有して暗黙知を人から人へ移転」する共同化ですが、人と共に働く普段の就労場面や、人が働く様を見聞きする日常は、まさに共同化の宝庫となります。その活用法を以下に挙げて参ります。

〔図3〕

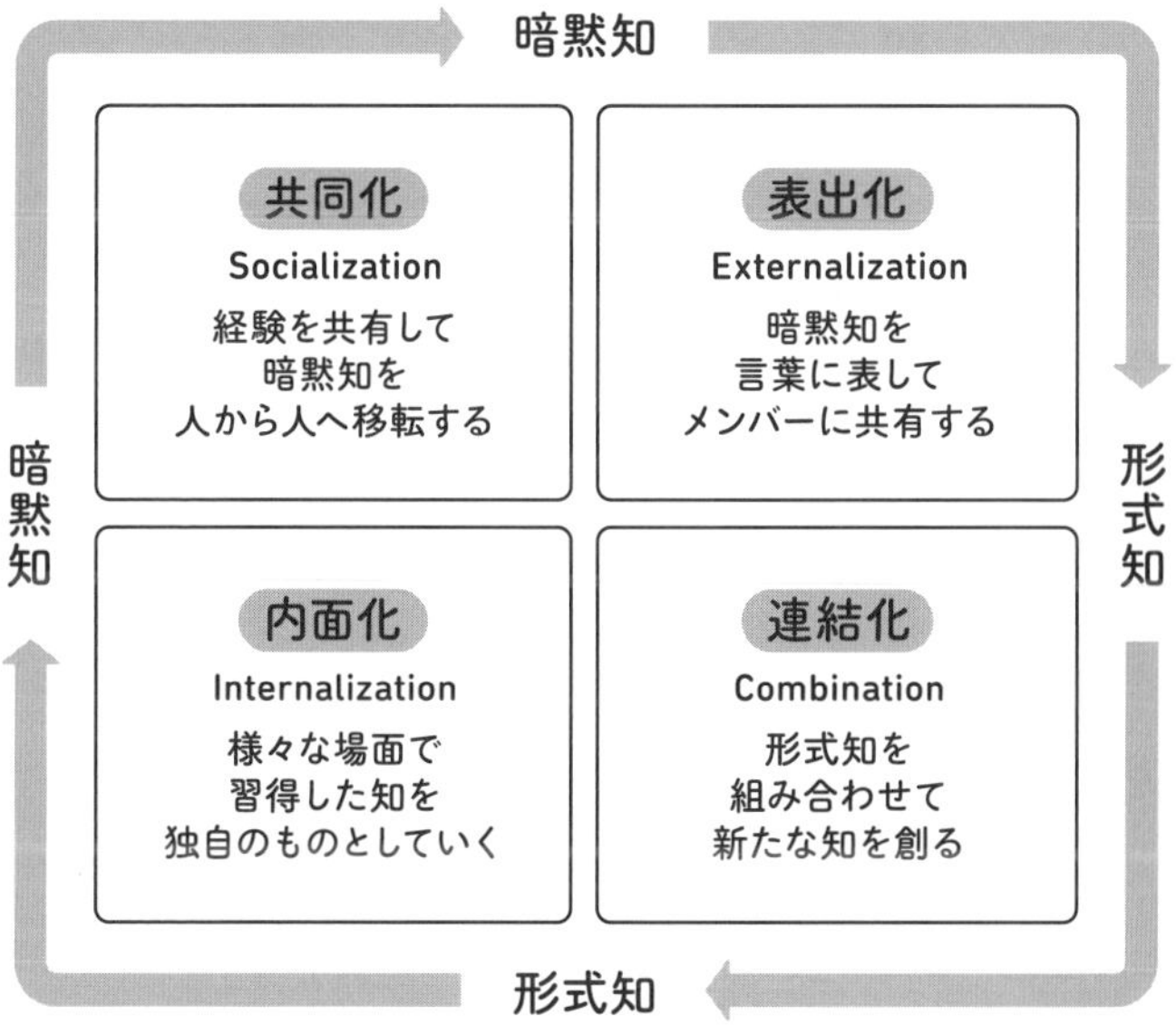
暗黙知
共同化
Socialization
経験を共有して
暗黙知を
人から人へ移転する
表出化
Externalization
暗黙知を
言葉に表して
メンバーに共有する
形式知
内面化
Internalization
様々な場面で
習得した知を
独自のものとしていく
連結化
Combination
形式知を
組み合わせて
新たな知を創る
形式知
暗黙知

【活用法】

1 人のスキルや考え方を吸収

同僚や先輩・上司と共に働く日々の営みの中で、自分と異なる仕事の進め方や考え方を知ることができます。また、お客様や協力会社の方々とのやり取りを通じても、様々な知見を得ることが可能です。

例えばＥｘｃｅｌの使い方一つにしても、隣の人は自分より効率よく進めているかもしれません。また、お客様との関わり方、会議の進め方、社内関与者の巻き込み方など、こちらが意識して観察すると見えてくる事柄は多々あります。

普段の仕事を学びの場としてとらえ、積極的に人と関わりつつそのスキルを吸収し、スキルアップしていきましょう。

2 他の業種、職種を理解

仕事は元よりボランティア活動や習い事などの場も、それまで関わりがなかった方と接して暗黙知を移転する好機となります。私自身も習い事を通して、サッカーの審判員や探偵をしている方など、通常出会わないような方の話を聞く機会に恵まれました。業種や職種により通常と異なる慣習が存在したり、業界ならではの特徴を知ったりと、知見を得る好機となりました。わざわざ活動せずとも、より身近な存在として、タクシードライバーの方などもいらっしゃいます。日々、多種多様なお客様と接するドライバーの中には雑学王のような方がおり、業界情報を惜しみなく提供していただけたりします。

ネットなどでの広くて浅い情報収集も大切ですが、実務を経験した方々にその業界の実情や将来性などを聴くのは何より有用です。こちらの心構え次第でどのような方からも学びを得ることは可能なので、常に興味をもって相手に接していくことが重要となります。

3 世の中の動向を把握して自身の今後を考える

経験の共有や人から聴く以外にも、情報源に接して多くの知識を得ることも重要です。ここでのポイントは、無限に流れてくる情報を受け身で眺めるのではなく、こちらから意思をもって探すという点になります。例えば、ネットやテレビ・電車内の広告、書店で平積みされている本などを観察するだけでも、好調な業界や今後の動向が推察できます。

私の場合も7年程前に『ワーク・シフト』という本を読み、働き方の変化は必ずやってくると確信し、キャリアチェンジを模索し始めました。50代での転身となるので大きな不安もありましたが、当時勤務していた会社や国内外の状況を分析し将来を予測してみました。そして、キャリアチェンジはリスキーだが、動かないリスクよりは小さいだろうという結論に達し、心を決めました。

身の回りの情報を常に自身に取り入れて、最新の世情や今後の動きを把握し、転職の方向性を検討する。一見当たり前のようですが、いざ行動に移すとなると、深い考察と難しい判断を要する事柄なので、普段からの地道な情報収集が大切です。

2 表出化

暗黙知を言葉に表してメンバーに共有する表出化も、色々な場面が想定されます。仕事で得た知識・方法・考え方、そこから感じる世の中の動きや見えてきた課題など、外から見えない暗黙知が人には沢山内在しています。それらを同僚や知人に話して言葉で表現したり、SNSなどで発信して文字化することにより、多くの学びが得られます。

【活用法】

1 自分の考えや保有スキルを明確化

例えば仕事中に同僚と意見交換を行ったり、会議などで発言することで、自分の知見や考えを明確にすることができます。これは、プライベートでの友達との会話などでも同様です。また、ブログを書いたりSNSで発信して自身の意見を文字化することも、自己理解にはとても有効です。明文化することで、自分の立ち位置・考えを整理したり、逆に思考が及んでいない部分が判明したりする効果があります。またこれらは、転職活動の採用面接時に自分の考えを表明する際の事前準備という一面も有しています。

併せて、自身が保有するスキルに関しても、キャリアシートなどで一度見える化して整理しておくこともオススメです。これにより、転職に当たりスキルは足りているか？　充足すべきものはないか？　などが把握でき、次のアクションに繋がっていきます。

2　自分の考えに対する他からの反応を得る

何らかの発信をすると、そこには大概反応が返ってきます。仮に賛同を得た場合は、自分の考えを確信し自信が深まるでしょうし、逆に得られなかった場合、異なる視点や考え方を知ることができます。以前ある職場で隣に座る先輩に「さっきお客様にこのような受け答えをしたのですがどう思いますか？」などとよく問いかけていました。その先輩は親切な方で、より効果的な答え方や私とは違う考え方を都度教えて下さり、非常に勉強になった経験があります。

自分一人で物事を考えると、自身の枠組みの中だけでの思考・判断になりますが、発信し異論も取り入れることで枠組みが広がっていきます。転職の際も、その目指す方向性、職種・業種などに関する自身の考えをふさわしい人に発信・相談することで、よりよいアドバイスを得ることに繋がる可能性があります。

3 連結化

形式知を組み合わせて新たな知を創る連結化も、転職では非常に重要な要素です。毎日の仕事でも、新たな業務に取り組んだり、新規顧客の対応をする中で、それまでにない形式知を吸収できます。また、資格取得などはとても分かりやすい連結化と言えるでしょう。

【活用法】

1 日常業務でスキル獲得

日々の業務には、新たなスキルを獲得するチャンスが溢れています。新規業務で「これまで使ったことのないシステムを扱った」「それまで経験のない業界のクライアントを受けもった」「取り扱ったことのない商品の営業担当となった」などは、仮に完遂した場合、その経験が職務経歴書に書き記せるスキルとなります。他にも「部署横断プロジェクトのリーダーとして全体を進行した」「部署の問題点を抽出して、周囲を巻き込みつつ改善した」なども同様です。

私自身もかつての職場で、業務効率向上の為のアイデアや新サービスを考案して上長に提案し、実働したものがいくつかありました。当時は転職など全く意識せずに取り組んでいましたが、図らずも転職時には自分を売り出すトピックとなりました。

このように、平生の職務をスキル獲得の機会と位置付けて取り組んだり、自主的に会社の課題解決策を提案・実施したりすることは、自身の付加価値を高めることに直結します。業務を多角的に見つめて自己研鑽の好機としつつ、会社の目標達成に貢献できたとしたら、それはそのまま転職時にアピールできる実績となるでしょう。

2 Off-JTでの学びや資格取得

日常業務のOJTと同様に、現場を離れた場での学びも新たな知を創り出す貴重な機会となります。OJTでの新たな挑戦や気付きは、スポット的なものになる傾向があります。しかし例えばExcelでVLOOKUPを使った場合、それを好機として他の関数も習得していくと、自身のスキルが網羅的で磐石なものになります。また例えば、ある商品の販売担当となり顧客や市場について知り、それをきっかけにセミナーに通ってマーケティングを体系的に学ぶなどした場合も当てはまります。その知識を基盤にして新たな販売方法などを生み出せたりすると、転職時にアピールできる実績となっていきます。

以上のようにOJTをきっかけにスキルを補強するのとは逆に、普段縁がない業務についてOff-JTで学ぶのも有用です。例えば、現場で働く社員は企業全体の財務に触れる機会は少ないのが一般的です。そこで、未知の世界の財務についてセミナーなどで学習してみると、知識の幅が広がります。

これらのOff-JTの学びを誰の目にも分かりやすく表明できるのが「資格」です。「資格」は実務に活かさないと意味がないというような意見もよく聞きその通りだと思いますが、やはり転職時には有利に働くのも事実です。例えば経理の求人では「簿記2級、または1級」などの応募資格が記載されるように、資格が必要な職は多い上に、入社後に資格手当を得るなどの優遇措置も存在します。因みに私自身も、販促系のキャリアから人材支援系に方向転換する中でキャリアコンサルタントの資格を取得し、その道を現在も進んでいます。このように、資格取得は新たな知を獲得するだけでなく、選択できる職業の幅を広げることにも繋がります。

4 内面化

内面化は、様々な場面で習得した知を独自のものとしていくプロセスです。自身の価値を構築したり高めたりする重要なもので、転職に直結するとも言えます。

【活用法】

1 スキルを自身に定着

頭で理解してあたかもそれができるように感じたけれど、いざ実行するとなると難しい、という経験はありませんか？　スキルを身に付ける際も、理解するだけでなく実践を通して自分のものとしていくことが肝要です。例えば、簿記資格を取り実務で経理を担当する場合、日々の業務を通して学びを自身に根付かせていくことが可能です。しかしそのような環境にない場合は、何らかの働きかけが必要になってきます。

私の場合、本から得た知識を実際に活かしたことがあります。稲盛和夫氏の「アメーバ経営」に関する本を読み採算性の重要性を痛感したので、現場に反映してみました。具体的には、スタッフ的位置付けだった自部署のポジションを強固にすべく、案件ごとの採算性を数値で表し会社への貢献度を見える化する仕組みを作りました。また、管理職として部署を運営する場合は、ＭＢＡで学んだ人材マネジメントの手法を活かしていました。このように新たな知識・スキルを実務に役立てると、それらが自身のものとして内面化されると共に、転職時には実績としてアピールできるものともなります。

2 自分なりのスタイルをつくる

日本の武道などの世界では「守・破・離」という考え方があり、次のような道筋を辿ります。師の教えを守り、確実に身に付ける「守」。他の流派などについても知り、良いものを取り入れ技を発展させる「破」。一つの流派から独立し、新しいものを生み出す「離」。というものです。

内面化はこの「離」のイメージで、獲得したスキルを自身に取り入れ、さらに発展させて自分固有のものにしていきます。

職人の名人芸や「これに関しては◎◎さんの右に出る人はいない」と言われるような場合が分かりやすい事例です。ここまで到達せずとも、ある業務に確たる自信をもって取り組め、結果を出せるようになったら内面化が進んだ状態といえるでしょう。そしてこのスキルは、転職の際に「強み」として自己アピールできるポイントになり得ます。日常の中でも時折、自分の「強み」を確認しておくと、いざ転職という時に慌てず臨めるでしょう。

5 鳥の目魚の目虫の目

これまでSECIモデルの各要素について説明してきましたが、ここでは要素間の関わりや全体について述べて参ります。

もともと知を創造する方法論として考案されたSECIモデルは、共同化↓表出化↓連結化↓内面化という創造過程が重視される傾向があります。一方、転職にこれを活用する場合、順番通りに進まないケースも発生します。

例えば私の場合、販促系から人材支援系にキャリアチェンジした際は以下のような経緯を辿りました。マネージャー職に就いたのをきっかけに、会社全体のことが知りたくなった↓MBAで経営学を学んだ【連結化】↓社会課題の解決を仕事にしたいと感じた↓ボランティアを通し、障がいをのある方やその家族など色々な方の存在を実感した【共同化】↓キャリアコンサルタント（以下：キャリコン）に今後の進路について相談した【表出化】↓障がい者支援企業に転職して実務経験を積んだ【内面化】。

これは後から振り返っての分析となりますが、SECIモデルの順番とは異なっています。

また一方で、キャリコン職に就く際には以下の経緯を辿りました。

障がい者支援企業で働く中で、同僚のようにスムーズに面談できるようになりたいと感じた【共同化】↓何を学べばよいか知人に相談したら、キャリコンを勧められた【表出化】↓

キャリコン資格を取った【連結化】→キャリコン職を求める企業に転職した【内面化】。このケースでは、SECIモデルの順番通りにコトが進んだのが分かります。

このように転職の場合は、物事の順序というよりもSECIモデルで言うところの各要素を逃さないことがポイントだと考えられます。刻々と環境が変化する現実社会では、物事を予定通りに進めるのは困難な部分があると同時に、逆に予期せぬチャンスが訪れたりします。転職活動に関しても、これをすれば合格というような定型の方式はなく、求職者と企業それぞれの置かれた環境により合格の要件は異なります。

では、一体どうすればよいのでしょう？　それには、自身の5～10年先のキャリアを見据えつつ、その時々の世の潮流を読み、日々の出来事からヒントを得るということがポイントになります。鳥の目で10年先まで俯瞰して目標を定め、魚の目で世の中の流れや潮目を見定め、虫の目で身近な事象からキャリア構築の足掛かりをつかむイメージです。これらはとても基本的なことのようですが、実際に行うとなると難しいことでもあります。換言すると「転職は、付け焼き刃ではなく地道な取組みが重要」ということになります。

1社目が名だたる大企業で、そのネームバリューで2社目に楽々と転職するも、会社の期待に応えられず退職したケース。興味のある職に転職したものの「期待していたものと違う」と、数ヶ月で退職したケース。など、深く検討せずに転職して結果が出ない事例は、どなたもが耳にされたことがあるのではないでしょうか。

とはいえ、10年先のキャリアなど見当がつかないと感じると思いますが、ぼんやりとしたものでも構わないので仮説をもつことが重要となります。例えば「10年後には部長になっていたい」「◎◎のスペシャリストになりたい」「キャリアチェンジして◎◎になりたい」など、大まかな目標を立ててみます。すると、目にするニュース記事や毎日の仕事が、その仮説を軸に見られるようになります。そして「自分の仮説は世のトレンドには合致していない」「この業務は将来に直結するので、一段落したらレビューしておこう」などと、日常の出来事の意味付けが変わってきます。こうする中で、仮説自体を見直したり、仮説の確かさを再確認することができて、それはそのままキャリア構築に繋がっていきます。「目標を定め、それを軸に日々の出来事の中にチャンスを見出す」この小さな一歩の積み重ねが、後の大きな飛躍に繋がると確信しています。

コラム

「風」の時代のキャリア

西洋占星術の世界では、12の星座をこの世を構成する「火・土・風・水」の4つの要素に分けて考え、例えば獅子座は火、魚座は水などと分類されます。そして、この4つの要素は時代の流れも表しており、それらは約200年おきに火の時代→土の時代→風→水→火と順を追って変遷するとされています。この200年に一度の変化が2020年末に起こり、2021年から風の時代が始まったと言われています。約200年前にスタートした土の時代には、産業革命が起こり技術力が向上し経済が成長しました。それではこれから始まる風の時代は、どのようなものになるのでしょうか。

土の時代には、豊かな財力・資産、高い地位などの目に見えるモノを獲得することに価値が置かれてきました。それが風の時代になると、情報、知識、センス、心の豊かさなどの目に見えないモノに変化していくと予想されています。その結果多様化が進み、個人それぞれが固有の考え方・価値観で生きていく、見方を変えると各自で生き方を模索する必要がある時代になっていくのかもしれません。

この影響は恐らくキャリア構築の場にも及び、土の時代に良しとされた「多くの富や高い地位の獲得」などを目指すような働き方は変わっていく可能性があります。キャリアに対する自身の考え方を明確にして、その実現を目指して働く。それぞれが個性を輝かせて自分らしく働くことに価値が置かれる。そのような時代がやってくるのかもしれません。

終わりに

つい最近、20代半ばの社会人数名と話す機会があったのですが、1名は新卒後就職した会社を3年で辞めて新たな資格を勉強中、入社2年目のもう1名は転職活動中でした。理由を聞いてみると「他にやりたいことが見つかったから」「将来の夢の為には別の会社で経験を積んだ方が良いから」とのことでした。

一昔前までは、転職はそうそう簡単にはできないビッグイベントというイメージでしたが、若年層の変化に改めて驚かされました。「会社に所属する」というよりも「自分のキャリア構築やスキルアップの為に、それに適する会社で働く」という認識の高まりを感じます。社畜などのワードは近いうちに死語になりそうな勢いです。そして、若年層で進む転職に関する変化は、他の年代にも違う形で現れてくる予兆があります。

近年のコロナ禍や不景気による会社都合で辞めた場合の転職は、どちらかと言うと中高年で増えている印象があります。また、国民年金の保険料納付期間を「60歳まで」より先に延長するという話も出始めており、長く働く為の中高年の転職が増えていきそうです。

このように転職の背景は異なるものの、幅広い年代で転職機会が増えるのは不可避と考えられます。転職をチャレンジの機会として前向きに行う方、その一方で、望まない転職を泣く泣く行う方など、様々なケースが生まれていくでしょう。しかしいずれにせよ、転職活動をすることに変わりはないので、その転機を未来を拓くキャリア構築の機会にしていく一助にこの本がなれることを願っております。

転職で希望の光を見つけよう！

2024年1月15日　第1刷発行

著　者　大塚民子《おおつかたみこ》

発行者　太田宏司郎
発行所　株式会社パレード
大阪本社　〒530-0021　大阪府大阪市北区浮田1-1-8
TEL 06-6485-0766　FAX 06-6485-0767
東京支社　〒151-0051　東京都渋谷区千駄ヶ谷2-10-7
TEL 03-5413-3285　FAX 03-5413-3286
https://books.parade.co.jp
発売元　株式会社星雲社（共同出版社・流通責任出版社）
〒112-0005　東京都文京区水道1-3-30
TEL 03-3868-3275　FAX 03-3868-6588
装　幀　河野あきみ（PARADE Inc.）
印刷所　創栄図書印刷株式会社

ISBN 978-4-434-33191-6　C0034